Claudia Petru

Kochen GEGEN KREBS

Ernährung bei Brust- oder Prostatakrebs

Leopold Stocker Verlag
Graz – Stuttgart

Fotonachweis
Mona Lorenz: Umschlagvorder- und -rückseite, Fotos auf den Seiten 8 (2), 9, 11, 12 (2), 14, 24 (4), 26, 41, 43, 47, 57, 61, 67, 71, 81, 83, 95, 97, 99, 101, 103, 105, 107, 117, 119, 121, 123, 125, 127, 137, 147, 165, 167, 171, 173, 185, 188 (li. u. + re. o.), 189 (re. o.), 191 (li. u. + re. o.)
Andrea Jungwirth: Fotos auf den Seiten 20, 21, 33, 35, 37, 39, 45, 49, 51, 53, 55, 59, 63, 65, 69, 73, 75, 77, 79, 85, 87, 89, 91, 109, 111, 113, 129, 131, 133, 135, 139, 141, 143, 145, 148, 149, 151, 155, 157, 159, 161, 163, 169, 175, 177, 183, 187
Günter Hauer: Fotos auf den Seiten 13, 17, 93, 115, 181
Carletto Photography: Foto auf der Seite 179
Wilhelm Hufnagl: Foto auf der Seite 153
Archiv Leopold Stocker Verlag/A. Sheldunov: Fotos auf den Seiten 188 (li. o. + re. u.), 189 (li. o. + li. u. + re. u.), 190 (li. u. + re. o.), 191 (li. o.)
Reinhold Zötsch: Fotos auf den Seiten 15, 190 (re. u.)
Irmtraud Weishaupt-Orthofer: Fotos auf den Seiten: 19, 190 (li. o.)
www.de.fotolia.com/Dionisvera: Foto auf der Seite 18
www.istockphoto.com/egal: Foto auf der Seite 25
www.istockphoto.com/marilyna: Foto auf der Seite 7

Alle Rezepte (sofern nicht anders angegeben) stammen aus dem Rezeptmagazin Kochen & Küche (www.kochenundkueche.com) und wurden von der Autorin auf ihre Eignung geprüft.

Auf Wunsch senden wir Ihnen gerne kostenlos unser Verlagsverzeichnis zu:
Leopold Stocker Verlag GmbH
Hofgasse 5 • Postfach 438 • A-8011 Graz
Tel.: +43 (0)316/821636 • Fax: +43 (0)316/835612
E-Mail: stocker-verlag@stocker-verlag.com
www.stocker-verlag.com

Bibliographische Information der Deutschen Nationalbibliothek
Die Deutsche Nationalbibliothek verzeichnet diese Publikation in der Deutschen Nationalbibliographie; detaillierte bibliographische Daten sind im Internet über http://dnb.d-nb.de abrufbar.

Hinweis
Dieses Buch wurde auf chlorfrei gebleichtem Papier gedruckt. Die zum Schutz vor Verschmutzung verwendete Einschweißfolie ist aus Polyethylen chlor- und schwefelfrei hergestellt. Diese umweltfreundliche Folie verhält sich grundwasserneutral, ist voll recyclingfähig und verbrennt in Müllverbrennungsanlagen völlig ungiftig.

ISBN 978-3-7020-1634-0

Printed in Austria
Umschlaggestaltung, Layout und Repro: Werbeagentur Rypka GmbH;
8143 Dobl/Graz • www.rypka.at
Druck: Finidr, s.r.o., Český Těšín

Inhalt

Vorwort der Autorin

„Essen hält Leib und Seele zusammen" – dieses alte Sprichwort gilt sicherlich besonders, wenn man an Krebs erkrankt. Brustkrebs bei der Frau und Prostatakrebs beim Mann zählen zu den häufigsten Krebserkrankungen weltweit. Spätestens bei dieser Diagnose beginnt die persönliche Auseinandersetzung. „Was habe ich bisher falsch gemacht?" Gleichzeitig erfolgt der Vorsatz, zukünftig besser auf sich Acht zu geben.

Foto: Christina Petru

Bei jedem Tankstellenbesuch wird auf die Zufuhr des richtigen Treibstoffes geachtet, bei seinem Körper handelt der Mensch meist deutlich weniger überlegt. Bei dieser bedrohlichen Erkrankung geht es plötzlich nicht mehr darum, möglichst schnell satt zu werden. Die Qualität der Lebensmittel und die Überlegung, welche Produkte helfen könnten, wieder gesund zu werden, treten ins Zentrum der Überlegungen.

Die Ernährung bzw. das Essen ist grundsätzlich ein wichtiger Faktor für Betroffene und Angehörige, während der onkologischen Therapie selbstständig am Therapieprozess teilzunehmen. Auch wenn es in der Ernährungstherapie gegen Krebs keine Wundermittel gibt, macht Kochen Mut, trotz der Diagnose wieder in den „Alltag" zurückzufinden. Allerdings will man nun für den kranken Körper nur „das Beste" zubereiten.

Bei der Auswahl der Lebensmittel wurden neueste ernährungsmedizinische Forschungsergebnisse berücksichtigt, die im theoretischen Teil erläutert werden.

Dieses Kochbuch mit zahlreichen köstlichen Gerichten, gängigen Zutaten, einfacher und schneller Zubereitung, wird den Willen zum Gesundwerden und Gesundbleiben stärken.

Ehemalige betroffene Personen geben in diesem Buch ihre eigenen Erfahrungen preis und haben so mitgeholfen, dieses Kochbuch zu einem praxisnahen und unterstützenden Nachschlagewerk für den Ernährungsalltag zu machen.

Claudia Petru, MPH
Diätologin
Vorsitzende der Frauen- und Brustkrebshilfe Österreich

Graz, Jänner 2017

Vorwort Univ.-Prof. Dr. Edgar Petru

Brustkrebs ist die häufigste Krebserkrankung der Frau, Prostatakrebs die häufigste Krebserkrankung des Mannes. Parallelen beider Tumoren sind ihre häufige Hormonabhängigkeit. Allein schon dieses Faktum weist darauf hin, dass hier über die Beeinflussung des Hormonstoffwechsels häufig auch eine günstige Beeinflussung des Tumorwachstums möglich ist. Antihormontherapien stellen die Therapiepfeiler sowohl von Brust- als auch von Prostatakrebs dar. Daneben wissen wir seit mehreren Jahrzehnten, dass Ernährung Auswirkungen auf den Hormonhaushalt hat.

Foto: Gerd Schwager

Das vorliegende Buch „Kochen gegen Krebs" schließt eine wichtige Lücke in der Information und Betreuung von Frauen und Männern mit Brust- bzw. Prostatakrebs. Sehr oft wollen Betroffene nach der Diagnosestellung ihre Ernährungsweise bewusst ändern.

In diesem Buch wird nicht eine bestimmte Wunderdiät gegen Krebs beschrieben. Vielmehr stellt die Autorin detailliert jene Erkenntnisse dar, die in hochrangigen wissenschaftlichen Studien und Arbeiten beschrieben sind. Durch ihre über 15-jährige praktische Tätigkeit als Diätologin bei KrebspatientInnen weiß die Autorin sehr genau, wo der Schuh drückt und wo die besten Ansatzpunkte für Betroffene bestehen.

„Kochen gegen Krebs" stellt kein theoretisches, sondern ein höchst praxisrelevantes Buch zur Ernährung nach Krebserkrankungen dar. Die Möglichkeit, durch bewusste Ernährungsweise selbst etwas gegen die Tumorerkrankung tun zu können, ist aus meiner langjährigen Erfahrung als Onkologe für Betroffene von großer Bedeutung.

Möge dieses Buch vielen Menschen zusätzlich zur medizinischen Standardtherapie Halt, Hoffnung und wichtige Tipps geben.

Univ.-Prof. Dr. Edgar Petru
Univ.-Klinik für Frauenheilkunde und Geburtshilfe der Medizinischen Universität Graz

Graz, Jänner 2017

Vorwort Primar Dr. Wolfgang Loidl

Jeder sechste Mann erkrankt in seinem Leben an Prostatakrebs. Seit vielen Jahren wird über die Entstehung und die Beeinflussung dieser Erkrankung nachgedacht und geforscht. Wenige Fakten kamen bisher zu Tage.

Foto: Ordensklinikum Linz, Barmherzige Schwestern, Elisabethinen

Tatsächlich ist es allerdings so, dass ein Einfluss von Ernährungsweise, Bewegung und Sonneneinstrahlung gegeben sein muss.

Warum ist der Krebs der Vorsteherdrüse in den Ländern des südlichen Europas weniger verbreitert als im Norden des Kontinents? Warum erkranken in Afrika lebende Afrikaner nur selten und Afroamerikaner so viel häufiger?
Die Ernährung unserer südlichen Nachbarn enthält viel mehr Olivenöl, weniger tierisches Fett und viel Gemüse. Die Speisen der Nordamerikaner sind fettreicher und deutlich zuckerreicher als die der Afrikaner. Ist also Prostatakrebs ein „Wohlstandskrebs"?

Wir wissen, dass unser „Bauchspeck" wie eine Drüse arbeitet und Faktoren freisetzt, die die Abwehr gegen Krebszellen vermindert. Die Kombination von üppiger Ernährung und Mangel an Bewegung sind Schlüsselpunkte, die wir Menschen beeinflussen können.
Selbst im Verlauf der Erkrankung, nach einem Eingriff oder während der Strahlentherapie kann gesunde, ausgewogene Ernährung und tägliche, regelmäßige Bewegung, ergänzt durch Übungen des Beckenbodens, sehr hilfreich sein für den Patienten. Nebenwirkungen und Komplikationen bei und nach einer Strahlentherapie werden durch die richtige Ernährung minimiert.
Im weiteren Verlauf der Erkrankung kann die Hormonentzugstherapie zum Einsatz kommen. Hier wird das männliche Sexualhormon Testosteron im Blut künstlich auf ein Minimum herabgesetzt, um die Krebszellen im Wachstum und in der Vermehrung zu hemmen. Wir Männer sind allerdings von Kopf bis Fuß hormonabhängig. So verändert sich nicht nur die Sexualität, sondern auch unser Körperbau. Die Muskulatur nimmt ab, die Knochendichte schwindet und unser Bauchumfang beginnt zu wachsen. Besonders hier sind aktive Gegenmaßnahmen enorm wichtig. Die Unterstützung der Partnerin und der Angehörigen ist hier gefragt, weil der Antrieb des Betroffenen herabgesetzt wird.

Nachweislich wird der Verlauf der Erkrankung durch die Partnerin positiv beeinflusst. Womit das Kochen wieder ins Spiel kommt. Mit diesem Buch gelingt es, das Bewusstsein auf diese wichtige Komponente im gesamten Bild der Unterstützung der Betroffenen zu lenken.

Primar Dr. Wolfgang Loidl
Ordensklinikum Linz
Barmherzige Schwestern, Elisabethinen
Abteilung für Urologie

Linz, Jänner 2017

Einleitung

Weltweit nehmen Brust- und Prostatakrebserkrankungen stark zu. Aktuelle Zahlen des Zentrums für Krebsregisterdaten (ZfKD) am Robert-Koch-Institut in Berlin zeigen, dass es in Deutschland jährlich etwa 70.000 Neuerkrankungen von Brust- und 63.700 von Prostatakrebs gibt.[1] Die Statistik Austria zeigt für Österreich ebenfalls, dass mit 5.600 Brust- und 4.500 Prostatakrebsfällen diese Tumorarten die häufigsten sind.[2]

Ob eine Krebserkrankung entsteht bzw. wie sie verläuft, ist von vielen verschiedenen Einflussgrößen abhängig. Risikofaktoren wie das zunehmende Lebensalter und die genetische Veranlagung sind nicht beeinflussbar. Verhaltensweisen wie Rauchen, Alkoholkonsum, Bewegungsmangel und ungünstige Ernährung hingegen können von jedem Einzelnen persönlich beeinflusst werden.

Es hat in den letzten Jahren sowohl beim Brust- wie auch beim Prostatakrebs große Behandlungsfortschritte gegeben. Dennoch kann das „Krebs-Problem" nicht allein durch medizinische Maßnahmen gelöst werden, darüber sind sich die Experten einig.[3]

Die Ernährung bzw. das Essen ist ein wichtiger Faktor in der Vorsorge, um seinen Körper möglichst lange gesund und fit zu erhalten. Während einer onkologischen Therapie hilft das Zubereiten von speziellen Speisen, um sich bewusst zu machen, was der eigene Körper braucht, damit er wieder funktioniert. Damit die Nahrungsmittel- und Getränkeauswahl leichter fällt, bedarf es auch der Kenntnis darüber, wie der menschliche Körper funktioniert.

KAPITEL I:

Basis des menschlichen Körpers: Flüssigkeit

Der menschliche Körper besteht zu ca. 65 % aus Wasser. Ein Großteil der Flüssigkeit befindet sich im Inneren der Zellen, aber auch in der Blutflüssigkeit, Gewebsflüssigkeit, in den Lymphbahnen und zwischen den Zellen. Wasser ist das zentrale Transportmittel für Nährstoffe, Vitamine und Mineralstoffe. Es werden aber auch Stoffwechselendprodukte zu den Ausscheidungsorganen transportiert. Für verschiedenste biochemische Vorgänge im Körper wird Wasser als Lösungsmittel verwendet. Täglich werden etwa 10 Liter Verdauungssäfte in den Magen-Darmtrakt abgegeben und anschließend wieder ins Blut aufgenommen.

All diese Aufgaben übernimmt der Körper tagtäglich völlig automatisch. Da sich „Körperflüssigkeiten" ständig erneuern, kommt es täglich über die Nieren zu einer Wasserausscheidung mit dem Harn.[4] Eine Mindestharnmenge von 0,5 Litern ist notwendig, um die angefallenen Stoffwechselendprodukte und die überschüssigen Mineralstoffe, v. a. in der Form von Kochsalz, wieder loszuwerden. Auch die Substanzen einer Chemotherapie werden meist auf diesem Weg aus dem Körper eliminiert. Durch den täglichen Stuhlgang verliert der menschliche Körper geringe Wassermengen – eine Ausnahme besteht allerdings bei Durchfall. Dieser kann vor allem bei der Behandlung mit bestimmten neueren zielgerichteten Krebsmedikamenten auftreten. Auch die Wasserausscheidung über die Haut und die Lunge ist in der Menge nicht zu unterschätzen. Sie beträgt durchschnittlich einen Liter pro Tag.

Abb. 1: Unser Wasserhaushalt im Körper braucht konstant Nachschub

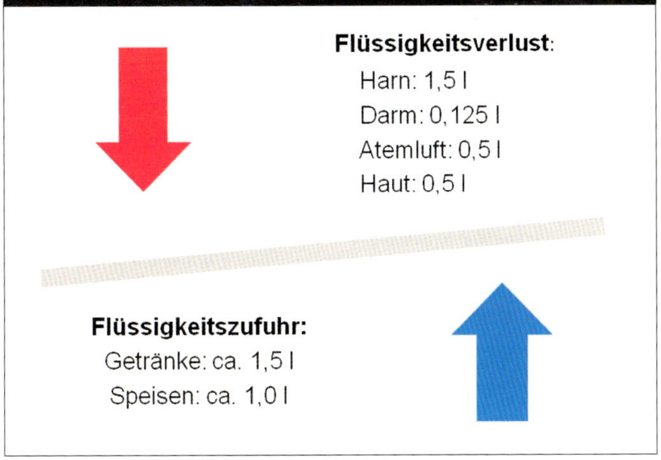

Ein Erwachsener sollte täglich 1,5 bis 2,5 Liter Flüssigkeit zuführen. Ausnahmen bestehen bei gesonderter ärztlicher Anweisung, um zum Beispiel bei Herzschwäche den Kreislauf nicht zu sehr zu belasten. Eine ausreichende Flüssigkeitszufuhr schützt bei einer Antitumortherapie den Körper vor möglichen unerwünschten Nebenwirkungen.

EMPFEHLENSWERTE GETRÄNKE

- Wasser, Mineralwasser
- Kräuter- und Früchtetee
- Obst- und Gemüsesäfte und Wasser im Verhältnis 1:3
- Bei Übelkeit hilft Ingwerwasser (siehe S. 191).

ANMERKUNG

Erhöhter Alkoholkonsum stellt im Zusammenhang mit Brust- und Prostatakrebs einen möglichen Risikofaktor für die Krankheitsentstehung dar.[5, 6]

PRAKTISCHE TRINK-TIPPS:

- Wasserkrug oder Wasserglas immer in Reichweite stellen.

- Bei Auswärtsterminen immer eine Wasserflasche mitnehmen.
- Flüssigkeitszufuhr zwischen den einzelnen Mahlzeiten für Personen, die wenig Appetit aufweisen.
- Getränke mit Raumtemperatur werden bei Befindlichkeitsstörungen besser toleriert.
- Wasser, das am Vormittag nicht getrunken wurde, kann nachmittags nicht ohne Konsequenz korrigiert werden. Größere Trinkmengen am Abend stören die Nachtruhe.

TEE – WOHLTUEND UND GESUND

Vor allem während einer Chemotherapie helfen Teemischungen bei verschiedenen Beschwerden. Vorschläge für Tees, Aufgüsse und andere Getränke finden Sie im Rezeptteil auf S. 188–191 sowie im Kapitel Getränke und Eis ab S. 178.

Tab. 1: Teesorten und deren Wirkung auf den Körper

Beschwerden	Sorte
Blähungen, Blähbauch	Fenchel, Anis, Kümmel
Übelkeit, Brechreiz	Pfefferminze, Kalmus, Ingwer
Magen- und Bauchschmerzen	Kamille, Kalmuswurzel
Durchfall	Malve (Käsepappel), getrocknete Heidelbeeren, Schwarztee
Völlegefühl	Schafgarbe, Rosmarin
Einschlafstörungen/Unruhe	Passionsblume, Melisse, Lindenblüten, Hopfen, Arzneibaldrian, Lavendel
Appetitlosigkeit	Tausendgüldenkraut, Wermut, Kalmuswurzel, Löwenzahn, Rosmarin
Müdigkeit	Schwarztee – 3 Minuten gezogen, Grüntee, Brennessel, Ingwer, Guarana, Mate, Löwenzahn
Entzündung der Mundschleimhaut	Salbei, Eibisch, Kalmuswurzel

GRÜNTEE – EIN WUNDERMITTEL?

Grüntee und Matcha (Grünteepulver) wird in der Vorbeugung von Brust- und Prostatakrebserkrankungen ein wichtiger Stellenwert zugeschrieben.[7, 8] Leider ist die wissenschaftliche Datenlage durchaus widersprüchlich. Bekannt ist allerdings, dass der Inhaltsstoff Epigallocatechingallat (EGCG) ein zentrales Enzymsystem der Leber, nämlich Cytochrom-P450, stört. Während einer Antitumortherapie mit bestimmten Medikamenten ist es deshalb nicht ratsam, Grüntee und Matcha zu konsumieren.[9] Bei der Einnahme von Antihormonpräparaten, wie bei Brustkrebs, kann es zu unerwünschten Interaktionen mit Grüntee oder Matcha kommen.[10, 11] Deshalb wird empfohlen, bei Grünteekonsum immer einen Zeitabstand von mindestens 3 Stunden zur Medikamenteneinnahme einzuhalten. Bei einer bereits vorhandenen Prostatakrebserkrankung gibt es keine wissenschaftlich belegten Studien, die empfehlen, vermehrt Grüntee zu konsumieren.[12] Zusätzlich ist zu beachten, dass bei verschiedenen Anbietern die Qualität des Grüntees sehr unterschiedlich ist, was ihre Schadstoffbelastung angeht.

KAFFEE – (K)EIN DURSTLÖSCHER

Kaffee zählt nach dem Wasser zu den beliebtesten Getränken. Kaffee galt jahrzehntelang wegen diverser Stoffe im Zusammenhang mit Krebserkrankungen als ungesund. Vor allem der Inhaltsstoff Acrylamid, der bei der Kaffeebohnenröstung entsteht, war im Zentrum der Kritik. Auch neigen Kaffeetrinker eher dazu, ihrem Organismus (zu) wenig Flüssigkeit zuzuführen. Im Zusammenhang mit der Krebsentstehung gibt es mittlerweile fundierte wissenschaftliche Erkenntnisse, dass Kaffee für die meisten Krebsarten keinen Risiksofaktor darstellt.[13] Dies konnte auch für das Prostatakarzinom nachgewiesen werden.

Generell ist beim Kaffeekonsum darauf zu achten, dass nicht zum gleichen Zeitpunkt Antitumor-Medikamente konsumiert werden. Während einer Chemotherapie wird Kaffee vom Magen meist schlecht toleriert. Als empfohlene Richtmenge für den täglichen Kaffeekonsum gelten 3–4 Tassen.[14] Ohne Milchzusatz gilt er als bekömmlicher. Wann der richtige Moment für die letzte Tasse Kaffee des Tages sein soll, ist eine individuelle Entscheidung, da niemand den eigenen Körper besser kennt als man selbst.

KAPITEL 2:

Baustoffe des Körpers: Pflanzliche und tierische Proteine

Proteine, auch Eiweißstoffe genannt, sind die Grundbausteine unseres Körpers. Muskeln, Knorpel, Sehnen, Bindegewebe, Haut- und Blutzellen, Haare, Nägel, Enzyme, Hormone und Bestandteile des Immunsystems sind aus diesem Stoff aufgebaut. Proteine setzen sich aus Aminosäurenketten zusammen. In unserer Nahrung sind zwanzig verschiedene Aminosäuren enthalten, neun davon sind für den menschlichen Körper unentbehrlich. Diese essentiellen Aminosäuren müssen mit der Nahrung zugeführt werden, da sie der Körper nicht selbst herstellen kann. Tierische Proteine sind mit diesen essentiellen Aminosäuren besser ausgestattet als pflanzliche. Kombiniert man beim Essen tierische und pflanzliche Nahrungsmittel, können sich die Proteine in Bezug auf ihre Aminosäuren-Zusammensetzung ergänzen und damit ihre biologische Wertigkeit erhöhen. Je höher die biologische Wertigkeit ist, desto kleinere Mengen Nahrungsproteine sind notwendig, um körpereigene Proteine herzustellen.

Tab. 2: Proteinquellen in der Nahrung

Tierisches Protein	Pflanzliches Protein
Fleisch und Wurst	Getreide und Getreideprodukte, Quinoa
Fisch	Kartoffeln
Milch und Milchprodukte	Hülsenfrüchte und Bohnen
Eier	Soja und Sojaprodukte

Tab. 3: Mögliche Protein-Kombinationen[15]	
Nahrungsmittel (Verhältnis)	Biologische Wertigkeit in %
65 % Kartoffeln und 35 % Vollei	137
75 % Milch und 25 % Weizenmehl	123
60 % Hühnerei und 40 % Soja	122
68 % Hühnerei und 32 % Weizen	118
77 % Rindfleisch und 23 % Kartoffeln	114
75 % Milch und 25 % Weizen	105
Vollei	100
Rindfleisch	87
Reis	82

Die tägliche bedarfsgerechte Proteinversorgung stellt einen wesentlichen Baustein für die Erhaltung eines guten Ernährungszustandes dar. In der wissenschaftlichen Forschung bei Brust- und Prostatakrebs stehen tierische Proteinquellen wie Milch und Fleisch einerseits und der Umgang mit Soja- und Sojaprodukten anderseits im Fokus der Diskussion.

SOJA – EINE BOHNE AUS DEM OSTEN

Soja und Sojaprodukte sind in asiatischen Ländern als schützende Nahrungsmittel gegen Brust- und Prostatakrebs bekannt. Dort erhält praktisch jeder Säugling schon in den ersten Lebensmonaten Sojamilch. In den westlichen Ländern wurde in den 90er-Jahren begonnen, Soja als Unterstützung gegen Hitzewallungen in der Menopause einzusetzen. Phytoöstrogene wurden dabei als wesentliche chemisch aktive Substanzen identifiziert. Sie stellen hormonell aktive Substanzen dar. Aktuell haben amerikanische Forscher nachgewiesen, dass eine tägliche Nahrungsergänzung mit 50 Gramm Sojaprotein bei brustkrebskranken Frauen die Genexpression tumorfördernder Stoffe steigert.[16] **Die medizinische Wissenschaft rät heute bei einer Brustkrebserkrankung dringend von einer bewussten Zufuhr von Soja und Sojaprodukten ab**. Mehrere Studien haben gezeigt, dass das Tumorzellwachstum bei bereits erkrankten Personen angeregt werden kann.[17, 18]

Im Gegensatz dazu wird der Verzehr von Sojaprodukten bei Prostatakrebs als eher positiv beurteilt, aber zumindest nicht als kontraproduktiv eingeschätzt.[19] Eine klare Empfehlungen für eine bevorzugte Sojazufuhr kann auch hier auf der Basis der wissenschaftlichen Studienlage nicht ausgesprochen werden.[20]

FLEISCH: KLEINE MENGEN, GUTE QUALITÄT!

Durchschnittlich isst jeder Deutsche jährlich 60 kg Fleisch und Fleischerzeugnisse.[21] Österreicher essen durchschnittlich 88 kg Fleisch und Wurst pro Jahr und liegen damit im Spitzenfeld Europas.[22] Die Internationale Agentur für Krebsforschung (IARC) hat 2015 nach einer großen Analyse von über 800 Studien zum Thema Fleisch und Krebserkrankungen eine neue Einschätzung von verarbeitetem Fleisch herausgegeben. Als krebserregend für den Menschen werden hier Wurst, Leberkäse, Frankfurter, Speck, Prosciutto, Salami, Schinken, gepökeltes und geräuchertes Fleisch eingestuft. Selbst rotes Fleisch vom Rind, Schwein, Lamm, Wild und Pferd hat die Bezeichnung „möglicherweise krebserregend" erhalten.[23] Als Schlussfolgerung dieser wissenschaftlichen Analyse wird eine normale und unbedenkliche Zufuhrmenge bei 50 bis 100 g Fleisch- und Wurstkonsum pro Tag angegeben.[24] Der beste Weg, unseren Fleischkonsum zu optimieren, besteht darin, **nicht öfter als zwei- bis dreimal pro Woche kleinere Fleischmengen in nachgewiesener guter Qualität** zu konsumieren.

Neben der Fleischmenge entscheiden auch die Zubereitungsmethoden und die enthaltene Fettmenge, ob der Genuss von Fleisch „schädlich" ist oder nicht. Wird das Fleisch bei hohen Temperaturen (ab 130 °C und höher) gegrillt oder gebraten, entstehen heterozyklische aromatische Amine (HAA) und polyzyklische Kohlenwasserstoffe (PAK), die nachgewiesen für die Entstehung verschiedenster Krebsarten wie u. a. Brust- und Prostatakrebs verantwortlich sind.[25, 26, 27] Die Zubereitungsarten **Kochen, Schmoren und langsames Braten sind zu bevorzugen**.

MILCH UND MILCHPRODUKTE: DIE MENGE IST ENTSCHEIDEND

In der Ernährungsberatung wird die Zufuhr von Milch und Milchprodukten immer wieder thematisiert. Befürworter von Milchprodukten argumentieren, dass Kalzium und Vitamin D bei bestimmten Krebsarten und für die Knochengesundheit wichtige Schutzfaktoren darstellt.[28] Gegner des Milchkonsums argumentieren, dass gesättigte Fettsäuren, Pestizidrückstände, Hormone und zu große Zufuhrmengen einen negativen Einfluss auf die Gesundheit des Menschen haben können.[29, 30] Wissenschaftliche Studien kommen im Zusammenhang mit Brustkrebs zu keinen klaren Ergebnissen. Einzelne Untersuchungen konnten jedoch zeigen, dass beim Mann eine höhere Zufuhr von Milch in der Pubertät möglicherweise das Prostatakarzinomrisiko erhöht.[31] Es gibt allerdings keine klaren Studiendaten, wie sich die Zufuhr von Milch und Milchprodukten auf das Wiederauftreten der Tumorerkrankung auswirkt.[32] Empfohlen werden jedoch fettreduzierte Milch und Milchprodukte.[33] Während einer Chemotherapie sind vor allem laktosefreie Milch und Milchprodukte empfehlenswert.

KAPITEL 3:

Obst und Gemüse – Farbenkraft und Vielfalt

Seit Jahren wissen wir um die Wichtigkeit von Obst und Gemüse im Zusammenhang mit der Krebsvorbeugung.[34] Die deutsche Gesellschaft für Ernährung (DGE) empfiehlt, etwa 10 % der täglichen Kalorien in Form von Obst und Gemüse aufzunehmen.[35] Das wären im Durchschnitt 200 Kilokalorien bzw. 650 g Obst und Gemüse pro Tag – also eine Handvoll Obst und vier Handvoll Gemüse täglich. Das Klima, der Boden und die Erntezeit führen zu Schwankungsbreiten bei den Inhaltsstoffen von Obst und Gemüse. Die Sorge vieler Menschen, dass Gemüse und Obst in den letzten Jahren deutlich an Vitamin- und Mineralstoffen verloren haben, kann jedoch wissenschaftlich nicht bestätigt werden. Entsprechend einer Untersuchung für den deutschen Ernährungsbericht sind diese Werte seit Jahren fast unverändert.[36] Wir wissen allerdings aus dem Alltag, dass reif geerntetes Obst und Gemüse sowie Produkte aus biologischem Anbau deutlich besser schmecken. Neben den Vitaminen und Mineralstoffen sind die sekundären Pflanzeninhaltsstoffe mit ihren phytochemischen Verbindungen, die für die Farb- und Geschmacksgebung der jeweiligen Sorte verantwortlich sind, ein Parameter in der positiven Beurteilung von Obst und Gemüse.

Die Inhaltsstoffe von Obst und Gemüse unterstützen den menschlichen Körper in seinen vielfältigen Funktionen. Der menschliche Körper benötigt diese Mikronährstoffe, um lebenswichtige biochemische Vorgänge zu steuern. Enzyme, die für den Stoffwechsel notwendig sind und chemische Vorgänge, die für das Immunsystem und Zellwachstum verantwortlich zeichnen, benötigen Obst und Gemüse. Der hohe Gehalt an Ballaststoffen beeinflusst die Verdauung positiv.[37] Die geringe Energiedichte durch den hohen Wassergehalt hat einen protektiven Einfluss auf das

Körpergewicht.[38] Dennoch zeigen neuere Untersuchungen wie zum Beispiel die große Europäische Ernährungsstudie (EPIC), dass in der Vergangenheit die schützenden Mechanismen von Obst und Gemüse im Zusammenhang mit Krebs vielleicht etwas zu positiv dargestellt wurden.[39] Bei Brustkrebs musste zur Kenntnis genommen werden, dass der Obst- und Gemüsekonsum allein keinen eigenständigen Einflussfaktor in der Krebsvermeidung darstellt.[40] Ähnliche Ergebnisse wurden auch beim Prostatakrebs publiziert.[41] Wir wissen, dass Alkohol- und Nikotinkonsum ein hohes Risikopotenzial für Krebserkrankungen ausmachen. Leider nehmen laut Studien Raucher und Alkoholkonsumenten weniger Obst und Gemüse zu sich als Nichtraucher und alkoholabstinente Personen.[42] In diesem Zusammenhang ist die Wichtigkeit von Obst- und Gemüsekonsum hinsichtlich der Krebsprävention sehr wohl etabliert. Deshalb hat keine ernährungsmedizinische Fachgesellschaft aufgrund dieser etwas kritischen EPIC-Studie ihre Obst- und Gemüsempfehlungen verändert. Ergänzend konnte in weiteren Untersuchungen gezeigt werden, dass bei Brustkrebs durch einen konstant hohen Konsum an Gemüse und Obst in Verbindung mit Bewegung(!) ein verbessertes Gesamtüberleben erzielt werden konnte.[43]

Bei Prostatakrebs ist in der Vorsorge und im Frühstadium der Verzehr von Tomaten und Tomatenprodukten, Kohlgemüsen aller Art sowie des Granatapfels nach wie vor anerkannt und wichtig[44, 45], obwohl Untersuchungen im Zusammenhang mit Tomaten und dessen rotem Farbstoff Lycopin die Erwartungshaltung eines Schutzeffekts im Zusammenhang mit Prostatakrebs nur teilweise erfüllen konnten[46] – leider hat die Natur auch hier kein Wundermittel zur Verfügung gestellt.

PRAKTISCHE TIPPS BEIM GEMÜSE- UND OBSTKONSUM

- Es macht keinen wesentlichen Unterschied, ob Gemüse oder Obst roh oder gekocht zugeführt wird – ob Gemüsesuppe, Salat, gebratenes Gemüse – Hauptsache, es wird gegessen.
- Tiefkühlgemüse sollte man immer in Vorrat haben, wenn es in der Küche einmal „schnell“ gehen soll. Bei der Zubereitung kein zusätzliches Wasser zugeben, sondern mit Deckel bei geringer Hitze unter mehrmaligem Umrühren dünsten – so bleibt der Eigengeschmack des Gemüses erhalten.

- Der Verzehr von Obst und Gemüse soll sich nach den Jahreszeiten richten, nicht nach dem Angebot im Supermarkt. Heimische Erdbeeren haben ab Juni Saison und nicht im Dezember!
- Die Zubereitung von Smoothies ist einfach und schnell. Vorteil dabei ist, dass die gesamte Frucht verwendet wird und nicht nur die flüssigen Anteile wie bei Fruchtsaft. Der Nachteil besteht darin, dass die großen Obst- und Gemüsemengen eventuell nicht ohne Probleme verstoffwechselt werden und zu Blähungen führen können.
- Keine Mahlzeit ohne Obst- oder Gemüse! Zum Mittagessen immer Salat oder Gemüse, zum Frühstück oder Imbiss zusätzlich immer Gurkenscheiben, Cocktailtomaten, Radieschen oder Paprikaschoten essen, um damit auf die empfohlene Tagesmenge zu kommen.
- Während einer Chemotherapie wird gegartes Gemüse und Obst besser vertragen.
- Die Fruchtsäure verschiedener Obstsorten kann in der Mundhöhle Beschwerden machen. Deshalb wird in dieser Phase frisches Obst durchaus gerne durch Kompott und Mus ersetzt.[47]

KAPITEL 4:
Umgang mit Zucker und Kohlenhydraten

Die Natur produziert mit den Kohlenhydraten eine biologisch und chemisch gesehen besonders wichtige Substanz für den Menschen. Nach dem chemischen Aufbau unterscheidet man Einfach-, Zweifach- und Mehrfachzucker. Einfach- und Zweifachzucker schmecken süß. Mehrfachzucker ist im Stärkekorn zu finden, hat aber keinen ausgeprägten Eigengeschmack.

Tab. 4: Kohlenhydrate im Überblick

Einfachzucker	Traubenzucker Fruchtzucker Schleimzucker	Obst, Honig Obst, Honig Milchzucker
Zweifachzucker	Rohr- und Rübenzucker Malzzucker Milchzucker	Zuckerrübe, Zuckerrohr Gerste, Bier, Malzextrakt Milch und Milchprodukte
Mehrfachzucker	Stärke Dextrine Glykogen Inulin Cellulose Pektine	Getreide, Kartoffeln, Hülsenfrüchte Zwieback Leber Topinambur, Artischocke Holz, Papier reife Früchte

Der menschliche Körper benötigt Kohlenhydrate als Energielieferant. Nerven- und Gehirnzellen können nur aus dem Kohlenhydrat Glucose Energie gewinnen. Ein kleiner Speichervorrat für Kohlenhydrate findet sich in der Leber in Form von Glykogen. Ansonsten wird ein Kohlenhydratüberschuss als Fettdepot im menschlichen Organismus gespeichert. Diese Fähigkeit lässt sich mit der Evolution des Menschen erklären.[48] Die erste Nahrung direkt nach der Geburt ist die Muttermilch. Sie schmeckt leicht süßlich. So wurden wir entwicklungsgeschichtlich programmiert, süße Nahrung als angenehm zu empfinden. Der Zuckerkonsum des Menschen hat sich erst in den letzten Jahrzehnten enorm gesteigert und macht viele Menschen krank.[49]

Tab. 5: Die Zucker-Fakten	
¼ Liter Orangensaft (20 g Zucker)	6 Würfelzucker
¼ Liter Apfelsaft (250 ml)	8 Würfelzucker
1 Dose Energydrink (27 g Zucker)	9 Würfelzucker
100 g Ketchup	11 Würfelzucker
1 Tiefkühlpizza	5 Würfelzucker
100 g Rotkraut	4 Würfelzucker
250 g Leberstreichwurst	3 Würfelzucker
1 Becher Fruchtjoghurt (150 g)	ca. 8 Würfelzucker
1 Tafel Schokolade (100 g)	ca. 22 Würfelzucker
1 Stk. Müsliriegel	4 Würfelzucker

Keine Zuckerart ist wirklich gesund, auch Zuckerersatzstoffe nicht! Egal ob Braunzucker, Agavendicksaft, Ahornsirup, Kokosblütenzucker, Reissirup, Dattelsirup, Stevia, Birkenzucker usw. – die beste Möglichkeit ist noch immer, so wenig Zucker wie möglich zu sich zu nehmen! Süßungsmittel wie Agavendicksaft oder Xylitol (Birkenzucker) haben einen negativen Einfluss auf den Fruchtzuckerhaushalt des Körpers und sind deshalb kein guter Ersatz. Vernünftiger Umgang mit dem süßen Geschmack will trainiert sein, denn Zucker ist ein Gewürz.

PRAKTISCHE TIPPS FÜR NASCHKATZEN:

- Führen eines Zuckertagebuches: Es hilft, Übersicht zu bekommen, wo und wie Zucker konsumiert wird.
- Austausch von Milchschokolade durch dunkle Schokolade, schrittweise von 60 % Kakaoanteil auf 65 % und dann auf 75 % erhöhen.
- Fruchtsäfte gegen Wasser oder Tee austauschen oder sanfter Umstieg auf Fruchtsaft-Wasser-Mischung im Verhältnis 1:3.
- Bei selbst gebackenen Mehlspeise die Zuckermenge um 10–15 % reduzieren – der Kuchen gelingt trotzdem.
- Stevia ist ein Süßstoff mit pflanzlicher Herkunft, ca. 300-mal süßer als Zucker und hat keine Kalorien. Es hat aber einen Nachgeschmack und hilft nicht, sich vom Süßgeschmack zu entfernen.
- Am besten keine Fertigbackwaren oder Frühstücksceralien verwenden – sie enthalten große Mengen „Kornsirup".
- Vollkornprodukte aller Art sind immer sinnvoller als Produkte mit Weißmehl. Allerdings ist es während einer Chemotherapie oder direkt nach einer Operation im Bauchraum nicht sinnvoll, sofort mit Vollkornprodukten zu starten.
- Man kann beim Backen zumindest die Hälfte des Weißmehls durch Vollkornmehl ersetzen.
- Der glykämische Index ist ein Maß für die Blutzuckerwirksamkeit einzelner Lebensmittel im Körper. Ein schneller Blutzuckeranstieg durch einen hohen Zucker- oder Weißmehlgehalt ist, wenn möglich, zu vermeiden. Allerdings hilft eine gemeinsame Zufuhr von Proteinen, Fett oder Ballaststoffen, die Verweildauer im Magen zu erhöhen. Damit steigt der Blutzucker weniger rasch an. Dies ist auch die Erklärung, warum frisches Obst oder Gemüse immer sinnvoller für den menschlichen Organismus sind als Säfte.

Seit den letzten Jahren gibt es vermehrt Versuche, durch eine stark kohlenhydratreduzierte Diät die Krebszellen „auszuhungern". Mit dieser sogenannten ketogenen Diät will man die klassischen Krebstherapien unterstützen und die Lebensqualität der Betroffenen steigern. Was auf den ersten Blick verlockend erscheint, ist für viele Krebspatienten jedoch gefährlich.[50] Vor der ketogenen Ernährung bei Krebs warnt die Arbeitsgemeinschaft Prävention und integrative Onkologie in der Deutschen Krebsgesellschaft (PRiO). Diese Kostform würde nämlich bedeuten, sich ausschließlich von Eiern, Fisch und Fleisch, fettem Käse, grünblättrigem Gemüse, Nüssen und Fett zu ernähren. Der meist beobachtete rapide Gewichtsverlust und die massiv eingeschränkte Lebensqualität sind limitierende Faktoren dieser Kostform und können unter Umständen das Weiterführen onkologischer Therapien verhindern, wie es in Fallberichten veröffentlicht wurde.[51] Repräsentative wissenschaftliche Studien zu diesem Thema fehlen.

KAPITEL 5:

Die guten Fette gibt es

Fett ist für den Menschen der energiereichste Nahrungsträger. Es hat im Körper unterschiedlichste Aufgaben wahrzunehmen. Innere Organe wie Niere, Leber oder Gehirn enthalten Fett oder werden von einer Fettschicht umhüllt. Die Wärmeschutzwirkung des Körpers würde ohne Fett nicht funktionieren. Der Fettgehalt des Essens verlängert die Verweildauer der Speisen im Magen und bewirkt damit ein länger andauerndes Sättigungsgefühl. Die fettlöslichen Vitamine A, D, E und K und Carotinoide brauchen die Anwesenheit von Fett im Darm, um von der Darmschleimhaut aufgenommen zu werden. Fette sind auch Träger von essentiellen Fettsäuren, die mit der Nahrung zugeführt werden müssen, da sie der menschliche Körper selbst nicht herstellen kann. Letztere sind für wichtige Körperfunktionen wie das Immunsystem und den Hormonhaushalt unverzichtbar.[52] Die tägliche Zufuhr von Fett sollte aber 30 % der benötigten täglichen Kalorienmenge nicht übersteigen. Ansonsten kommt es zu einem Anstieg des Körpergewichts.[53] Die Qualität des Nahrungsfetts wird von den Fettsäuren bestimmt. Die ungünstigen gesättigten Fettsäuren sind v. a. in tierischen Produkten enthalten und stellen u. a. einen Risikofaktor für die Prostatakrebsentstehung dar.[54] Die günstigen einfach ungesättigten Fettsäuren finden sich z. B. in Oliven- und in Rapsöl. Die mehrfach ungesättigten Fettsäuren werden in positive entzündungshemmende Omega-3-Fettsäuren (z. B. Leinöl oder Walnüsse) und in negative entzündungsfördernde Omega-6-Fettsäuren (z. B. Distel- oder Sonnenblumenöl) unterteilt.

Bei der idealen Zufuhr von Nahrungsfetten sollte ein Drittel aus gesättigten Fettsäuren, ein Drittel aus einfach ungesättigten Fettsäuren und das letzte Drittel aus mehrfach ungesättigten Fettsäuren bestehen. Große Fettmengen in Form von gesättigten Fettsäuren sollten bei Prostatakrebs vermieden werden.[55]

Beim Einkauf wird man bei diversen Lebensmitteln immer wieder mit dem Begriff „pflanzliches Fett – teilweise gehärtet" konfrontiert. Dabei handelt es sich um sogenannte Transfette. Sie sind erst in den letzten Jahren als Gesundheitsrisiko identifiziert worden und der Gesetzgeber hat darauf mit einer Lebensmittelkennzeichnungspflicht reagiert. Diese Fette sind primär ungesättigte Fettsäuren, die durch industrielle lebensmitteltechnische Prozesse wie Fetthärtung oder Erhitzung verändert werden und ihre positiven Eigenschaften für den menschlichen Körper verlieren. Wissenschaftliche Untersuchungen beim Prostatakarzinom haben Hinweise auf einen möglichen ungünstigen Effekt gezeigt.[56] Beim Mammakarzinom konnte dies in einer Meta-Analyse nicht bestätigt werden.[57]

PRAKTISCHE TIPPS IM UMGANG MIT FETT

- Zum Kochen und Braten Öle und Fette verwenden, die reich an einfach ungesättigten Fettsäuren sind, wie Raps- und Olivenöl, da sie einer Hitzebelastung besser standhalten.
- Öl und Fett, das beim Kochprozess zu rauchen beginnt, muss entsorgt werden.
- Fleisch und andere Lebensmittel nicht zu heiß und zu dunkel anbraten, da die schädlichen Stoffe bei Temperaturen von 130 °C entstehen.
- Verbrannte Stellen, die eventuell durch den Kochprozesse entstehen, großzügig wegschneiden, sie enthalten große Mengen an Schadstoffen.[58]
- Lachs oder andere Kaltwasserfische sind besonders gute Omega-3-Fettsäure-Quellen. Allerdings enthalten auch Lein- und Walnussöl ebenfalls reichlich Omega-3-Fettsäuren, diese können täglich ohne viel Aufwand in den Speiseplan integriert werden.
- Grundsätzlich soll immer mehr pflanzliches Fett konsumiert werden als tierisches Fett.
- Fett sparsam verwenden, um keine Gewichtszunahme zu provozieren.
- Mehr als 60 % der täglich gegessenen Fette sind mit freiem Auge nicht sichtbar. Deshalb wäre es ratsam, besondere Aufmerksamkeit auf diese versteckten Fetten zu legen. Sie finden sich fetter Wurst, fettem Käse, Gebäck aus Blätterteig, Cremeeis, Milchschokolade, Cremetorten, Kartoffelchips, Pommes frites u. a.

Tab. 6: Fette in den Lebensmitteln

Fettart	Nahrungsmittel
gesättigte Fettsäuren	Butter, Schmalz, fettes Fleisch, fette Wurst, fetter Käse, Kokosfett, Kakaobutter, Palmöl
Transfette	industriell hergestellte Backwaren wie Kuchen, Kekse, Kräcker, Blätterteig, Instantsuppen, frittierte Speisen wie Chips, Pommes frites
einfach ungesättigte Fettsäuren	Oliven-, Rapsöl, Avocados, Nüsse und Samen
mehrfach ungesättigte Omega-3-Fettsäuren	fette Fischarten (Sardinen, Sardellen, Lachs, Makrele, Hering, Anchovis), Leinsamen, Walnüsse, Lein-, Walnuss-, Rapsöl, geringe Mengen in grünem Blattgemüse
mehrfach ungesättigte Omega-6-Fettsäuren	Sonnenblumen-, Distel-, Kürbiskern-, Maiskeim- und Traubenkernöl, Fleisch, Innereien, Butter und Eigelb

KAPITEL 6:

Die Würze des Lebens: Kurkuma, Knoblauch, Zwiebel, Kren, Chili

Das Kochen ohne Kräuter und Gewürze wäre eine sehr fade Angelegenheit. Eine Küche ohne Gewürze ist unvorstellbar. In der Vergangenheit wurden Kräuter und Gewürze zur Haltbarmachung von Lebensmitteln sowie zu medizinischen und kosmetischen Zwecken eingesetzt. Neben der antibakteriellen, desinfizierenden und verdauungsfördernden Wirkung von Gewürzen auf den Körper versucht die Wissenschaft Stoffe zu identifizieren, die in der Krebsvorsorge und -behandlung einsetzbar sind. Eine Vielzahl von Studien beschäftigt sich mit Kurkuma[59], schwarzem Pfeffer, Ingwer, Knoblauch, Safran und Chili.[60] Die Gabe von Kurkuma bzw. dem Wirkstoff Kurkumin führte in einer kleinen randomisierten doppelblind Placebo-kontrollierten Studie zu einer Verbesserung von durch Strahlentherapie bedingter Dermatitis.[61]

In einem Überblick vieler Untersuchungen mit Gewürzen konnte gezeigt werden, wie die einzelnen Gewürz-Inhaltsstoffe bei Krebszellen wirken – ob im Bereich der Tumorentstehung und des Tumorwachstums, des programmierten Zelltods, von DNA-Schäden oder der Empfindlichkeit gegenüber Strahlentherapie. Zukünftig wird man versuchen, hinsichtlich verschiedener Gewürzsorten noch weitere bioaktive Komponenten im Zusammenhang mit Krebs zu finden.[62] So wirkt z. B. Knoblauch aufgrund seines Inhaltsstoffes Alliin über einen immunologischen Ansatz antioxidativ.[63] Beim Brust[64]- und Prostatakarzinom[65] wird versucht, den Einfluss von Gewürzen auf Hormone bzw. Hormonrezeptoren zu erforschen.

Bezüglich der Auswirkungen der beschriebenen Gewürze auf Krebs fehlen leider noch Forschungsarbeiten direkt am Menschen. Die überwiegende Zahl wissenschaftlicher Arbeiten mit Gewürzen wurde entweder im Tierexperiment oder an menschlichen Krebszelllinien durchgeführt. Über die Dosierung und praktische Anwendung der Gewürze im Alltag kann man dadurch noch keine klaren Antworten und Empfehlungen geben. Somit sind zwar Erkenntnisse über die Theorie an und in der Zelle vorhanden, der nächste wünschenswerte Schritt wäre jedoch die konkrete praktische Anwendung in der Küche.

Nach dem derzeitigen Wissensstand der Forschung sollen wir uns beim Kochen mit Kräutern und Gewürzen vom

Einfallsreichtum und unserem Geschmack leiten lassen. **Ein einziges Nahrungs- oder Gewürzmittel zum alleinigen Problemlöser von Krebs zu stilisieren, sollte vermieden werden.[66]**

TIPPS IM UMGANG MIT KRÄUTERN UND GEWÜRZEN

- Die Verwendung von Kräutern und Gewürzen aller Art helfen, den Salzkonsum insgesamt zu reduzieren.
- Bei Hitzewallungen ist es sinnvoll, scharfe Gewürze wie Chili, Meerrettich, Pfeffer, Cayennepfeffer, Wasabi zu meiden.
- Ingwer hilft bei Übelkeit und Erbrechen, die Wirkstoffe dazu sind ätherische Öle und Gingerol.
- Gelbwurzpulver oder Kurkuma ist einem Currypulver-Gemisch vorzuziehen, weil die handelsüblichen Currymischungen oft nur sehr geringe Mengen an Kurkuma enthalten.
- Wer täglich Kurkuma zu sich nehmen will, kann es als ergänzendes Gewürz für Suppen, Salate und Gemüse z. B. in Kombination mit trocken geröstetem Sesam verwenden.
- Gewürze sind in der Traditionellen Chinesischen Medizin (TCM) fixe Bestandteile diverser Therapien. So gelten Zimt, Chili oder Ingwer z. B. als wärmende Gewürze.
- Als die Auswahl von Obst und Gemüse in den Lebensmittelläden noch klein war, stellte Meerrettich im Winter eine wichtige Vitamin-C-Quelle dar. Meerrettich (Kren) wird in den Alpenländern als „Zitrone des Nordens“ bezeichnet.[67]

KAPITEL 7:

Vitaminpillen und andere Radikalfänger während der Krebstherapie

Viele Menschen sind der Meinung, mit der Einnahme von Vitamintabletten und Mineralstoffpräparaten könnten sie sich vor Krankheiten schützen und ihr falsches Essverhalten korrigieren. Es werden auch immer wieder Überlegungen angestellt, ob Lebensmittel, Obst und Gemüse, die in Massen produziert werden, überhaupt noch ausreichend Vitamine liefern können. Ein echter Mangel an Vitaminen oder Mineralstoffen ist in den mitteleuropäischen Ländern eher die Ausnahme. Alte Menschen mit diversen Einschränkungen oder Personen, die sich sehr einseitig ernähren, sind gefährdet, einen Vitamin- oder Mineralstoffmangel zu entwickeln.
Bei der Beurteilung von Vitaminpillen ist es wichtig zu wissen, dass Nahrungsergänzungsmittel dem Lebensmittelgesetz unterliegen. Ein Wirknachweis, wie bei Medikamenten oder Arzneimitteln notwendig und gefordert, braucht nicht vorzuliegen.

Es gibt große wissenschaftliche Studien, die zeigen konnten, dass die Einnahme von sogenannten Nahrungsergänzungsmitteln unter bestimmten Lebensumständen (z. B. bei Rauchern) sogar zu vermehrtem Auftreten von Krebserkrankungen führen kann.[68, 69] Laut einer systematischen Erhebung von Krebspatienten in den USA nehmen 60–80 % der Betroffenen zusätzlich zu ihrer Standardtherapie Vitamin- und Mineralstoffpräparate ein. Besonders hoch ist die Zufuhr von Nahrungsergänzungsprodukten bei Brustkrebspatientinnen, während Männer mit Prostatakrebs deutlich seltener zu diesen Substanzen greifen.[70]

Multivitamine, Einzelvitamine, Kalzium, Selen, Vitamin-B-Komplex, Kräuter- oder Knoblauchpillen sind beliebte Substanzen, die v. a. Frauen während einer Antikrebstherapie einnehmen, ohne zu wissen, ob es zu Interaktionen mit der Haupttherapie kommt.[71] PatientInnen setzen Nahrungsergänzungen ein, um ihre Heilungschancen zu erhöhen, die Nebenwirkungen der Antitumortherapie zu reduzieren und um selbst aktiv am Genesungsprozess mitzuwirken.[72] Mittlerweile liegen wissenschaftliche Daten aus großen klinischen Studien vor, bei denen ein negativer Einfluss von Nahrungsergänzungsmitteln auf die Krebsentstehung und den Verlauf von Krebserkrankungen nachgewiesen wurde.[73, 74]

Die Gabe von Selen in höheren Dosen kann z. B. den Krankheitsverlauf von Prostatakrebs beschleunigen.[75] Experten haben bezüglich Brustkrebserkrankungen bei der Zufuhr von ß-Carotin, Vitamin A und Vitamin E zur Vorsicht gemahnt bzw. sogar konkret abgeraten.[76] Bei den Substanzen Selen, Vitamin C und Vitamin D ist eine Empfehlung aufgrund unterschiedlicher Studienergebnisse nicht zu treffen.[77] Besteht von Seiten der PatientInnen während einer Krebstherapie jedoch der Wunsch nach einer begleitenden Verabreichung von Nahrungsergänzungsmitteln, ist in jedem Fall ein ausführliches Gespräch mit dem betreuenden Onkologen notwendig. Mögliche Wechselwirkungen oder Unverträglichkeiten mit onkologischen Standard- und neuen Immuntherapien müssen überprüft werden.

Tab. 7: Nahrungsergänzungsmittel, die während einer Tumortherapie eventuell negative Effekte aufweisen	
Vitamin B6 und B12	Selen
Vitamin A und ß-Carotin	Vitamin E
Eisen	

KAPITEL 8:

Achtung: Interaktionen möglich!

Nimmt eine Person mehrere Medikamente gleichzeitig ein, achtet im Allgemeinen der Arzt oder Apotheker darauf, dass es zu keinen unerwünschten Nebenwirkungen und Störungen im Magen-Darmtrakt kommt. Wir wissen auch, dass bei der gleichzeitigen Zufuhr von Medikamenten, Nahrungsergänzungsmitteln und bestimmten Lebensmitteln unerwünschte Wechselwirkungen im Körper auftreten können. Die Medikamentenwirkung kann sich dabei verstärken oder auch deutlich abgeschwächt werden. Grund dafür ist, dass Medikamente und Lebensmittel über dieselben Stoffwechselvorgänge abgebaut und über die gleichen Verdauungswege transportiert werden. Die wichtigste Schaltstelle für diese Wechselwirkungen sind Enzyme, sogenannte Cytochrome in der Leber und im oberen Dünndarm.[78]

Tab 8: Lebensmittel, Nahrungsergänzungsmittel und Wechselwirkungen [79]

Lebensmittel	Wirkstoff	Wirkung	Medikamente
Grapefruit, Grapefruitsaft und -marmelade, Pomelos, Bitterorangen	Furanocumarine	blockiert je nach Menge bestimmte Enzyme in der Leber und im Darm	Blutdrucksenker, Cholesterinsenker, Immunsuppressiva, Schmerzmittel, Chemotherapeutika, Antibiotika
Milch und Milchprodukte	Kalzium	Medikament und Kalzium gehen chemische Verbindungen ein, die nicht mehr von der Darmschleimhaut aufgenommen werden können	Antibiotika, Osteoporosemedikamente (Bisphosphonate), Schilddrüsenmedikamente
Kaffee, Schwarz- und Grüntee, Cola und Energydrinks	Koffein Flavanol, Tannin, Epigallocatechin-3-gallat, Tannin	Medikamentenwirkstoff kann Abbau von Koffein verhindern, Medikamentenspiegel erhöhen	Topotecan (Chemotherapie), Antibiotika, Eisenpräparate, Asthmamittel, Tamoxifen
Soja	Genistein	blockiert je nach Menge Enzyme in der Leber und im Darm	Tamoxifen
Johanniskraut		blockiert je nach Menge Enzyme in der Leber und im Darm	Antibabypille, Asthmamedikamente, Antikörpertherapien
Knoblauch, Knoblauchpillen	Flavonoide	blockiert je nach Menge Enzymsystem Cytochrom P 450 in der Leber und im Darm	Blutdrucksenker, Blutgerinnungshemmer
Goji-Beeren		beeinflussen die Blutgerinnung	Blutgerinnungshemmer
Alkohol	Äthylalkohol	blockiert je nach Menge Enzymsystem Cytochrom P 450 in der Leber und im Darm	alle Medikamente

KAPITEL 9:

Kalorien: Bitte nicht zu viel!

Die wahrscheinlich effektivste Möglichkeit, selbst gegen die Krebserkrankung aktiv zu werden, bedeutet, das eigene Körpergewicht zu hinterfragen. Neben der Zunahme des Lebensalters wird das weltweit steigende Übergewicht als Ursache dafür angeführt, dass die Krebserkrankungsraten zunehmen.[80] Die WHO geht davon aus, dass 30 % aller Krebserkrankungen auf ungünstige Ernährungs- und Bewegungsgewohnheiten zurückzuführen sind. Der Risikofaktor Übergewicht oder Adipositas führt auch zu einem vermehrten Auftreten von aggressiveren Formen von Prostatakrebs.[81] Beim Mann spiegelt v. a. das hohe Verhältnis von Taillen- zu Hüftumfang das Risiko, an Prostatakrebs zu erkranken, wider.[82] Die Gewichtszunahme nach den Wechseljahren bei der Frau erhöht das Risiko für eine Brustkrebserkrankung deutlich.[83]

AUSWIRKUNGEN VON ÜBERGEWICHT UND ADIPOSITAS IM MENSCHLICHEN KÖRPER[84]

- Reduktion immunologischer Funktionen und Förderung von Entzündungsvorgängen
- Ansteigen verschiedener Hormonspiegel wie z. B. Insulin oder Östradiol und die damit verbundenen chemischen Reaktionen
- Zunahme der Faktoren, die das Zellwachstum und die Teilungsrate von Zellen beeinflussen[85]

Das Problem der Gewichtszunahme während einer Antitumortherapie zeigt sich vor allem bei hormonabhängigen Tumoren wie dem Mamma[86]- und Prostatakarzinom.[87] Es gibt wissenschaftliche Hinweise, dass sich beim Mammakarzinom eine deutliche Gewichtszunahme auf die Prognose der Patientin v. a. nach den Wechseljahren negativ auswirken kann.[88] Internationale medizinische Fachgesellschaften haben mittlerweile die regelmäßige Kontrolle des Körpergewichts in ihre Nachsorgemaßnahmen integriert.

Ein Grundstein für die körperliche Gesundheit ist es, täglich zu versuchen, beim Essen und Trinken Kalorien einzusparen. Körperliche Bewegung in einem Ausmaß von mindestens 30 Minuten täglich ist ebenso wichtig

wie effektiv. Unzählige wissenschaftliche Untersuchungen konnten bei Personen, die körperlich aktiv waren, zeigen, dass sich verschiedenste biologische Funktionen des menschlichen Körpers (z. B. Blutdruck, Immunantwort oder Gewichtsreduktion) deutlich verbessern lassen.[89]

PRAKTISCHE TIPPS ZUR GEWICHTSKONTROLLE

- ein Ernährungstagebuch führen
- ein Glas Wasser vor der eigentlichen Mahlzeit trinken
- vor dem Hauptgang idealerweise Salat oder Gemüse essen

Die Einschränkung des Fett- und Zuckerverbrauchs sollte ins Zentrum des Bemühens rücken. Oft hat die Nahrungszufuhr weniger mit Hunger zu tun, als sie mit Emotionen verknüpft ist. Wir essen z. B., weil wir traurig sind, es uns langweilig ist oder einfach nur aus Gewohnheit.
Gerade wenn eine Gewichtsreduktion angestrebt wird, sollten wir uns bewusst machen, dass Essen dazu dient, den Hunger zu stillen und nicht Gelüsten zu folgen. Die nachfolgende Tabelle zeigt, wie viel körperliche Bewegung notwendig ist, um zugeführte Energie wieder abzubauen.

Tab. 9: Energieverbrauch und Kalorien[90]

Zufuhr	kcal	Verbrauch
3 Scheiben Salami (50 g)	175	39 Min. Spazierengehen
250 g Joghurt	238	36 Min. Krafttraining
150 g Wiener Schnitzel	345	45 Min. Nordic Walking
500 ml Bier	205	23 Min. Schwimmen
84 g Cremeeis	284	56 Min. Radfahren

Beim Einkauf im Supermarkt und in der Küche beginnt die konsequente Arbeit mit dem Einsparen von Kalorien. Nachfolgend wird tabellarisch versucht, einen Überblick zu geben, wo für jeden Einzelnen vielleicht Veränderungspotenzial steckt.

Tab.10: Einsparungspotenzial im Alltag

fettarm kochen	beschichtete Pfanne, dämpfen, garen im Backpapier, Römertopf
fettarm essen	Fisch, Puten- oder Hühnerfleisch Wurstwaren: kalter Braten – Struktur soll erkennbar sein, Schinken Käse: bis max. 45 % F. i. Tr. Magerjoghurt, Magerquark Eis: Wassereis statt Cremeeis Kuchen aus Hefeteig oder Strudelteig Süßes in Form von frischem Obst
Zucker sparen bei	Getränken, Mehlspeisen, Süßigkeiten, Semmeln und Weißbrot

KAPITEL 10:

Alkohol ist keine Sünde wert

Für die Entstehung von Brust- und Prostatakrebs gilt es als wissenschaftlich erwiesen, dass die Zufuhr von Alkohol gesundheitsgefährdend ist. Der Konsum von Wein, Bier oder Spirituosen – also jeglicher Art von Alkohol, wirkt sich auf das Krebsrisiko ungünstig aus.[91]

Regelmäßiger Konsum von Alkohol kann Übergewicht begünstigen und innere Organe wie Leber, Bauchspeicheldrüse, Speiseröhre und Magen beeinträchtigen. Vermutet wird, dass verschiedene Stoffe, die beim Abbau von Alkohol im Körper entstehen, eine Rolle bei der Krebsentstehung spielen. Acetaldehyd zum Beispiel ist ein sehr reaktionsfreudiger Stoff. Er geht leicht Bindungen mit anderen Molekülen ein, darunter auch mit den Bestandteilen der Erbsubstanz. Von einem Alkoholverzicht würden v. a. Personen mit genetischer bzw. familiärer onkologischer Belastung und jene Frauen mit Brustkrebs, deren Tumor Östrogenrezeptor-positiv ist, profitieren.[92] Bei Männern gibt es aus der Vorsorge einen klaren Hinweis, dass das Risiko eines Prostatakarzinoms mit der täglichen Menge an zugeführtem Alkohol einhergeht. Nach einer Prostatakrebserkrankung werden v. a. Gewichtszunahme, Alkoholkonsum, Rauchen und eine zu geringe Zufuhr von Obst und Gemüse als ungünstig eingestuft.

Wer nicht auf Alkohol verzichten will und kann, sollte unbedingt die Empfehlungen diverser internationaler Fachgesellschaften, wie des World Cancer Research Funds und des American Institute for Cancer Research ernst nehmen: Männer sollten höchstens einen halben Liter Bier oder einen Viertelliter Wein pro Tag trinken. Für Frauen liegt die Grenze bei einem Viertelliter Bier oder einem Achtelliter Wein. Das entspricht einer täglichen Obergrenze von 10 Gramm Alkohol bei Frauen und maximal 20 Gramm Alkohol bei Männern.[93] Die Deutsche Gesellschaft für Ernährung (DGE) weist grundsätzlich darauf hin, dass auch geringe Mengen Alkohol nicht jeden Tag getrunken werden sollten!

Tab. 10 Alkoholgehalt diverser Getränke[94]

Alkoholart	Alkoholmenge
330 ml Bier	13 g
200 ml Wein	16 g
100 ml Sekt	9 g
20 ml Wodka	6 g

Literaturverzeichnis

1 http: //www.krebsdaten.de/Krebs/DE/Content/Krebsarten/krebsarten_node.html (letzter Zugriff: 22.11.2016)

2 http: //www.statistik.at/web_de/statistiken/menschen_und_gesellschaft/gesundheit/krebserkrankungen/prostata (letzter Zugriff: 22.11.2016)
http: //www.statistik.at/web_de/statistiken/menschen_und_gesellschaft/gesundheit/krebserkrankungen/brust/index.html (letzter Zugriff: 22.11.2016)

3 Da Angelis R. et al, Lancet Oncology 2014 Eurocare 5

4 Schlieper C, Grundfragen der Ernährung, 2014 Verlag Handwerk und Technik; Auflage: 21. Auflage ISBN: 978-3582044907

5 Hvidtfeldt UAl, Cancer Epidemiol Biomarkers Prev. 2012; 21: 1203-12

6 Demoury C et al, Cancer Epidemiol. 2016 Dec; 45: 11-17. doi: 10.1016/j.canep.2016.09.004

7 Zhang M et al Int J Cancer. 2009 Mar 15; 124(6): 1404-8. doi: 10.1002/ijc.2404

8 Jian L, Int JCancer. 2004; 108: 130–135

9 Vischini G et al. AmJ Kidney Dis 2011: 58(2): 329. doi: 10.1053/j.ajkd.2011.05.013

10 Sing SP, Phytother Res 2012: 26(2): 303 ff

11 Shin SC, Anticancer Drugs 2009: 20 (7). 584 ff

12 Nguyen MM Cancer Prev Res (Phila). 2012 Feb; 5(2): 290-8. doi: 10.1158/1940-6207.CAPR-11-0306

13 Loomis D, Lancet Oncol. 2016 Jul; 17(7): 877-8. doi: 10.1016/S1470-2045(16)30239-X

14 https: //www.dge.de/presse/pm/richtig-trinken-fit-bleiben/ (letzter Zugriff: 30.11.2016)

15 Biesalski, HK et al 2010, Ernährungsmedizin, 3. Auflage, Georg Thieme Verlag, Stuttgart

16 Shike M et al, J Natl Cancer Inst. 2014 Sep 4; 106(9). pii: dju189. doi: 10.1093/jnci/dju189

17 Satih S et al, Nutr Cancer. 2010; 62(5): 659-67. doi: 10.1080/01635581003605540

18 Koo J et al, BMC Cancer. 2015 Nov 16; 15: 905. doi: 10.1186/s12885-015-1914-5

19 Adjakly M et al, Ann Endocrinol. 2015 Feb; 76(1): 25-41. doi: 10.1016/j.ando.2014.09.001. Epub 2015 Jan 13

20 Hamilton-Reeves JM PLoS One. 2013 Jul 12; 8(7): e68331. doi: 10.1371/journal.pone.006833

21 https: //de.statista.com/themen/1315/fleisch/ (letzter Zugriff: 30.11.2016)

22 https: //www.gesundheit.gv.at/aktuelles/archiv-2011/aktuelles-lieblingslebensmittel (letzter Zugriff: 30.11.2016)

23 Bouvard V et al, Lancet Oncol 2015 Dec; 16(16): 1599-600. doi: 10.1016/S1470-2045(15)00444-1

24 Chan DS et al 2011 PLoS One; 6: e 20456

25 https: //www.krebsgesellschaft.de/onko-internetportal/basis-informationen-krebs/bewusst-leben/basis-informationen-krebs-bewusst-leben-ernaehrung/beim-grillen-nich.htm (letzter Zugriff: 1.12.2016)

26 Koutros S, Cancer Epidemiol Biomarkers Prev. 2008; 17: 80–87

27 Zheng W J Natl Cancer Inst. 1998; 90(22): 1724–1729

28 Thorning TK, Food Nutr Res. 2016 Nov 22; 60: 32527. doi: 10.3402/fnr.v60.32527

29 Lu W, Nutr J. 2016 Oct 21; 15(1): 91

30 Aune D, Am J Clin Nutr. 2015 Jan; 101(1): 87-117. doi: 10.3945/ajcn.113.067157

31 Torfadottir JE, Am J Epidemiol. 2012; 175: 144–153

32 Mandair D, Nutr Metab (Lond). 2014 Jun 16; 11: 30. doi: 10.1186/1743-7075-11-30

33 Kushi LH, CA Cancer J Clin. 2012 Jan-Feb; 62(1): 30-67. doi: 10.3322/caac.20140

34 Kushi LH, CA Cancer J Clin. 2012 Jan-Feb; 62(1): 30-67. doi: 10.3322/caac.20140

35 https: //www.dge.de/ernaehrungspraxis/vollwertige-ernaehrung/10-regeln-der-dge/ (letzter Zugriff: 8.12.2016)

36 https: //www.dge.de/presse/pm/gemuese-und-obst-sind-nicht-naehrstoffverarmt/ (letzter Zugriff: 8.12.2016)

37 Schlieper C, Grundfragen der Ernährung, 2014 Verlag Handwerk und Technik; Auflage: 21. Auflage ISBN: 978-3582044907

38 Tohill BC, Nutr Rev. 2004; 62: 365-374

39 Bofetta P, J. Natl Cancer Inst., 2010; 102 (8): 529-537

40 Michels KB , Cancer. 2007 Jun 15; 109(12 Suppl): 2712-49

41 Kavanaugh CJ, J Natl Cancer Inst. 2007; 99 ; 14: 1074–1085

42 Peto R., BMJ. 2000; 321 (7257: 323–329)

43 Kwan ML, 2008, J Clin Oncol 27: 919–926

44 Freedland S. J., Cancer Prev Res (Phila) 2013; 6: 1120–1127

45 Mandair D., Fehler! Hyperlink-Referenz ungültig. 2014. doi: 10.1186/1743-7075-11-30

46 Kirsh T. J., J. Natl. Cancer Inst. 2007; 99 15: 1200–1209

47 Petru C., Ernährung bei Krebs- Infobroschüre Österreichische Krebshilfe 2004

48 Schlieper C, Grundfragen der Ernährung, 2014 Verlag Handwerk und Technik; Auflage: 21. Auflage ISBN: 978-3582044907

49 Wright JD, Wang CY., NCHS Data Brief. 2010; (49): 1-8

50 file: ///C: /Users/Petru/Downloads/Stellungnahme%20zur%20ketogenen%20und%20kohlenhydratarmen%20D iaet.pdf (letzter Zugriff: 3.12.2016)

51 Krämmerer U et al 2010, Poster Dreiländertagung DGEM, AKE und GESKES

52 Schlieper C, Grundfragen der Ernährung, 2014 Verlag Handwerk und Technik; Auflage: 21. Auflage ISBN: 978-3582044907

53 https: //www.dge.de/wissenschaft/referenzwerte/fett/ (letzter Zugriff: 3.12.2016)

54 Pelser C, Cancer Epidemiol Biomarkers Prev. 2013; 22: 697–707

55 Mandair D, Nutr Metab (Lond). 2014 . doi: 10.1186/1743-7075-11-30

56 Allott EH Prostate Cancer Prostatic Dis. 2016 Sep 6. doi: 10.1038/pcan.2016.39

57 Kolahdouz Mohammadi R, Minerva Endocrinol. 2016 Sep 14. Epub ahead of print

58 http: //ajcn.nutrition.org/content/89/5/1418.short (letzter Zugriff: 3.12.2016)

59 Devassy J.G., Nutr. Rev. 2015; 73: 155–165. doi: 10.1093/nutrit/nuu064

60 Fehler! Hyperlink-Referenz ungültig. Fehler! Hyperlink-Referenz ungültig. 2016 Aug 12; 8(8). pii: E495. doi: 10.3390/nu8080495

61 Ryan J. L., Radiat. Res. 2013; 180: 34–43. doi: 10.1667/RR3255.1

62 Zheng J, Nutrients. 2016 Aug 12; 8(8). pii: E495. doi: 10.3390/nu8080495

63 Nicastro H. L. Cancer Prev. Res. 2015; 8: 181–189. doi: 10.1158/1940-6207.CAPR-14-0172.

64 Hahm E. R. Breast Cancer Res. Treat. 2014; 144: 47–57

65 Karna P., Br. J. Nutr. 2012; 107: 473–484. doi: 10.1017/S0007114511003308

66 Beliveau R, Krebszellen mögen keine Himbeeren, , 2010 Verlag Kösel Verlag München, 13. Auflage ISBN: 978-3-466-34502-1

67 Bühring U, Alles über Heilpflanzen: erkennen, anwenden und gesund bleiben 2014, Verlag Ulmer, 3. Auflage ISBN: 978-3-8001-8384-5

68 Omenn, J Nat.Cancer Inst 88 (1996) 1150

69 Goodman GE, J Natl Cancer Inst. 2004 Dec 1; 96(23): 1743-5

70 Velicer M, J Clin Oncol 2008; 26: 665 – 673

71 Link AR et al, Evid Based Comple Alternat Med 2013: 301549

72 Petru E. et al., Geb.Frauenheilk. 2001; 61: 75-78

73 Hercberg S, J Nutr 2007; 137: 2089-105

74 Larsson SC et al, Am J Clin Nutr. 2010; 91(5): 1268-72

75 Kenfield SA, 2015; JNCI 107 (1): dju 360

76 Moyer VA, Ann Intern Med 2014, doi: 10.7326/M14-0198

77 Goldhirsch A; Ann Oncol 2011; 22: 1736

78 https: //www.krebsinformationsdienst.de/behandlung/medikamente.php (letzter Zugriff: 8.12.2016)

79 Smollich M, Internistische Praxis 2016; 56: 539-550

80 Arnold M, Lancet Oncol. 2015 Jan; 16(1): 36-46. doi: 10.1016/S1470-2045(14)71123-4

81 Calle EE et al. N Engl J Med. 2003; 348: 1625-1638

82 Boehm K, Urol Oncol. 2015 Nov; 33(11): 494.e1-7. doi: 10.1016/j.urolonc.2015.07.006.

83 Keum N et al, J Natl Cancer Inst. 2015 Mar 10; 107(2). pii: djv088. doi: 10.1093

84 Parekh N et al, Annu Rev Nutr. 2012 Aug 21; 32: 311-42. doi: 10.1146/annurev-nutr-071811-150713

85 Slattery M. L.et al, Cancer Prev. Res. 2009; 2: 922-930

86 Sestak I et al, Breast Cancer Res Treat. 2012 Jul; 134(2): 727-34. doi: 10.1007

87 Wright M et al.Cancer. 2007; 109: 675-684

88 Chan DSM, 2014; Ann Oncol 25: 1901-1914

89 Schmid D et al; 2014, Ann Oncol 25: 1293-1311

90 http: //www.apotheken-umschau.de/Abnehmen/Rechner-Wie-viele-Kalorien-enthaelt-Ihr-Lebensmittel-- 106981.html (letzter Zugriff: 18.12.2016)

91 Smyth A et al, Lancet. 2015 Nov 14; 386(10007): 1945-54. doi: 10.1016/S0140-6736(15)00235-4.

92 Hvidtfeldt UAl, Cancer Epidemiol Biomarkers Prev. 2012; 21: 1203-12

93 https: //www.krebsinformationsdienst.de/vorbeugung/risiken/alkohol.php (letzter Zugriff: 30.11.2016)

94 http: //www.kenn-dein-limit.info/wie-viel-ist-drin.html (letzter Zugriff. 31.12.2016)

KAPITEL 11:

Rezeptteil

VOR DEM KOCHEN: ALLGEMEINES

Nachfolgend werden noch einmal Lebensmittel aufgezählt, die empfehlenswert bzw. zu vermeiden sind.

LEBENSMITTEL, DIE GESUND SIND

Getränke: aromatisiertes Wasser, Kräutertees für diverse Beschwerden, Ingwertee, Smoothies
Gemüse: Tomaten, grünes Gemüse wie Spinat, Brokkoli, Kohl, Karotten, Rote Bete, Zucchini, grüner Salat, Kürbis, Fenchel, Melanzani, Sellerie Avocado, Kartoffeln. Bei Unverträglichkeit (z. B. Blähungsneigung) auf blähende Gemüsearten verzichten, bei empfindlicher Mundschleimhaut auf säurehaltiges Gemüse verzichten, gekochtes Gemüse ist grundsätzlich leichter verdaulich.
Obst: Erdbeeren, Himbeeren, Schwarzbeeren, Kiwi, Bananen, Melone, Kaki
Getreide: Müsli (Flocken, nicht roh!), Polenta, Hirse, Dinkelgrieß, Quinoa, Buchweizen, Dinkel- und Vollkornmehl
Fisch: Forelle, Zander, Lachs u. a. (wichtig: gute Qualität)
Gewürze: Kurkuma, Chilli, Meerrettich, Knoblauch, Ingwer
Samen: Nüsse, Leinsamen, Hanfsamen
Fleisch & tierische Produkte (mit Maß und Ziel!): Hühnerbrust, Pute, Schweinefleisch, Milch- und Milchprodukte, Eier

LEBENS- UND GENUSSMITTEL, AUF DIE MAN VERZICHTEN SOLLTE

- möglichst KEINE Fertig- und Halbfertigprodukte (wegen der enthaltenen Zusatzstoffe)
- zu heiß/dunkel Gegrilltes bzw. Gebratenes
- Sojaprodukte (wegen der enthaltenen Phytoöstrogene und weil Soja eine hormonell wirksame Pflanze ist)
- Geräuchertes, Gepökeltes, fette Wurstwaren
- zu hoch erhitztes Fett
- möglichst WENIG Zucker
- gekaufte Süßigkeiten und Knabbereien
- Alkohol

„Übersetzung“ deutsch – österreichisch	
Brötchen	Semmel
Eigelb	Eidotter
Eiweiß	Eiklar
Feldsalat	Vogerlsalat
Hackfleisch	Faschiertes
Hefe	Germ
Kartoffeln	Erdäpfel
Keule	Schlögel
Klöße	Knödel
Lauch	Porree
Maisgrieß	Polenta
Meerrettich	Kren
Paniermehl	Semmelbrösel
Pfannkuchen	Palatschinken
Puderzucker	Staubzucker
Quark	Topfen
Räucherfleisch	Geselchtes
Rote Bete	Rote Rüben
Sahne	Obers, Rahm
saure Sahne	Sauerrahm
Tomaten	Paradeiser

Abkürzungen	
TL	Teelöffel
EL	Esslöffel
Msp.	Messerspitze
P.	Packung

GRUNDREZEPTE

Für viele Rezepte wird klare Gemüsesuppe zum Kochen benötigt. Diese kann man – ebenso wie Rindsuppe – ganz einfach selbst machen. Am besten man stellt sie gleich in größeren Mengen her und friert sie dann portionsweise (ca. 250 ml oder 300 ml) ein. Verzichten Sie wenn möglich auf gekaufte Suppenwürfel oder Suppenwürze! Wenn schon, dann bitte unbedingt Bio-Suppenwürze kaufen, die frei von Zusatzstoffen (E-Nummern) ist! Natürlich kann man die meisten Gerichte statt mit Suppe auch mit Wasser aufgießen, in diesem Fall muss dann eben ein bisschen mehr gewürzt werden.

KLARE GEMÜSESUPPE – ZUTATEN FÜR CA. 1 LITER:

1 kg geputztes Wurzelgemüse (Karotten, Selleriknolle, Petersilienwurzel) oder auch Gemüseabschnitte oder -schalen, die von einem anderen Gericht übrig geblieben sind sowie 1 halbierte Zwiebel in 1 l kaltes Wasser geben, etwas Salz, einige Pfefferkörner, einige Petersilienstängel sowie einen Liebstöckelzweig zugeben und ca. 40 Minuten leicht köcheln lassen; danach abseihen;

PATIENTINNEN-TIPP

Ich konnte während der Chemotherapie kaum Flüssigkeit zu mir nehmen. In dieser Situation habe ich eine lauwarme klare Gemüsesuppe noch am besten vertragen.

KLARE KNOCHENSUPPE – ZUTATEN FÜR CA. 2,5 LITER:

1 kg Knochen und Fleischabschnitte kurz in kochendes Salzwasser geben, herausnehmen, abspülen und mit 2,5 l frischem kaltem Wasser erneut zustellen. Zum Kochen bringen, ev. entstehenden Schaum abschöpfen, mindestens 2 Stunden sanft köcheln lassen. Eine große Zwiebel (ungeschält) halbieren, ohne Fett auf der Schnittfläche anrösten, zur Suppe geben. 300 g Wurzelgemüse (Lauch, Karotte, Sellerieknolle, Gelbe Rübe, Petersilienwurzel) waschen, in Stücke schneiden und ca. 30 Minuten vor Garende zugeben, ein Lorbeerblatt, einige Pfefferkörner und etwas Liebstöckel zugeben, zuletzt die Suppe abseihen und abschmecken.

TIPP

Durch die lange Kochzeit werden viele Nährstoffe aus den Knochen gelöst und die Suppe wird zur richtigen Kraftsuppe!

UNVERTRÄGLICHKEITEN

Bei den Rezepten sind fast immer **laktosefreie** Sahne/saure Sahne usw. angegeben, weil diese besser verträglich sind. Wer allerdings unter keiner Laktose-Intoleranz leidet, kann natürlich normale Milchprodukte verwenden.

Zwiebeln werden von manchen nicht gut vertragen. Bei Unverträglichkeit sollte man Zwiebeln einfach weglassen.

Auch **Knoblauch** vertragen nicht alle Menschen. Aber der Geschmack ist aus vielen Speisen nicht wegzudenken. Es gibt drei Möglichkeiten, ein „Knoblaucharoma" ohne Nebenwirkung zur erzeugen: Man ersetzt frischen Knoblauch durch besser verträgliches Knoblauchpulver, man reibt einfach das Kochgefäß oder die Zutat mit einer leicht zerdrückten Knoblauchzehe ein oder man fügt eine ganze Knoblauchzehe beim Kochprozess hinzu, die vor dem Verzehr wieder entfernt wird. So kann auch mit Zwiebeln verfahren werden.

Wer Kohl, Bohnen, Lauch oder andere **schwer verdauliche Gemüsesorten** nicht gut verträgt, ersetzt Kohl z. B. durch milden Kopfsalat, Lauch durch Zucchini und Bohnen durch Erbsen oder lässt diese weg.

MEHLE, BACKTEMPERATUR & ZEITANGABEN

Wenn nicht anders erwähnt, wurde Weizenmehl der Type W 480 (entspricht in D der Type 405) verwendet. Die Hälfte der Mehlmenge kann durch Vollkornmehl ersetzt werden. Wenn nicht anders angegeben, ist mit der Backtemperatur immer Ober-/Unterhitze gemeint. Die Backzeiten sind ungefähre Richtwerte, da jeder Ofen anders bäckt.

Welche Rezepte bei welchen Beschwerden

Dieses alphabetische Rezeptregister bietet einen Überblick, welche der Rezepte bei bestimmten Beschwerden Linderung verschaffen (was übrigens bei jedem einzelnen Rezept noch einmal vermerkt ist).

Appetitlosigkeit (A) Blähungen (B) Mundschleimhautentzündungen (ME) Mundtrockenheit (MT)
Schluckbeschwerden (S) Übelkeit (Ü) Verstopfung (V) Durchfall (D)

REZEPTREGISTER

Besonders gut geeignet bei:	A	B	ME	MT	S	Ü	V	D	Seite
Apfel-Holunder-Strudel mit Vanillesauce	X	X	X	X	X		X		156
Avocadosalat mit Roter Bete	X	X		X	X		X		136
Avocado-Toast	X								124
Avocado-Tomaten-Cocktail	X			X	X		X		182
Biskuitschmarren mit Rhabarberkompott	X	X		X	X	X			164
Bratäpfel	X			X			X		160
Buttermilchzopf	X	X	X			X		X	152
Curryhuhn	X			X	X	X	X		110
Dinkelbrot, Einfaches	X					X		X	138
Dinkelgrießsuppe mit Fenchel	X	X	X	X	X	X		X	54
Eis aus Fruchtsaft oder Fruchtmus	X		X	X	X	X			186
Fischfilet auf Ingwer-Honig-Kürbis	X	X		X		X		X	106
Fischfilet auf Kartoffelpüree mit ...	X	X						X	108
Fischfilets mit Gemüse im Backpapier	X	X		X			X		102
Fitness-Gemüseaufstrich	X	X		X			X		132
Fladenbrot aus der Pfanne	X					X			150
Forellenfilet mit Gemüseragout	X			X			X		100
Gemüsesaucen-Basis	X	X	X		X	X			76

Besonders gut geeignet bei:	A	B	ME	MT	S	Ü	V	D	Seite
Gemüsesuppe mit Reis	X	X	X	X	X	X		X	42
Getränke und Tees	X	X	X	X	X	X	X	X	188–191
Getreidesschnitzel	X					X	X		58
Grießschmarren mit Apfelkompott	X	X	X		X	X		X	158
Gurkenaufstrich	X		X	X					132
Hechtfilet mit legiertem Gemüsegrieß	X	X	X			X		X	104
Holunderbeerenmuffins	X	X				X	X		168
Hühnerfilet mit Grillgemüse ...	X					X	X		112
Hühnerkeulen auf Polenta ...	X	X	X		X	X		X	122
Hühnersuppeneintopf	X		X	X	X		X		34
Karotten-Ingwer-Honig-Suppe	X	X		X	X	X		X	56
Karpfen-Gemüse-Risotto	X	X	X			X		X	92
Kartoffelcremesuppe	X	X	X	X	X	X		X	38
Kartoffeleintopf mit Rindfleisch, Wiener	X	X	X	X	X	X		X	114
Kichererbsen-Blitzcurry	X			X	X	X	X		74
Klare Kraftsuppe aus Rinderknochen ...	X		X	X	X		X		36
Knäckebrot	X						X		140
Kürbis aus dem Ofen mit Schafkäse	X	X	X	X	X		X		68

Besonders gut geeignet bei:	A	B	ME	MT	S	Ü	V	D	Seite
Kürbis-Hühnerfleisch-Eintopf mit Curry	X			X	X	X		X	118
Kürbis-Karotten-Suppe	X	X	X	X	X	X		X	48
Lachsforelle auf Ofengemüse	X	X		X			X		94
Linsenpuffer	X					X	X		90
Maisgebäck	X	X				X		X	150
Mandelcreme mit Beeren	X	X	X	X	X	X	X		170
Milchbrot	X		X			X			154
Nudeln mit Fischbolognese	X					X	X		96
Olivenmuffins mit Käse und Rosmarin	X						X		144
Pastinakensuppe mit Haselnüssen	X	X	X	X	X	X			40
Petersilienschaumsuppe, Grün-weiße	X	X		X	X	X		X	46
Petersilienwurzel-Strudel mit Karottensauce	X	X			X	X			66
Polenta mit Auberginen-Tomaten-Sauce	X	X			X	X	X		72
Polentaauflauf mit Schneehaube	X	X			X				162
Polenta-Lauchsuppe	X		X	X	X	X			50
Quinoa mit Pilzen	X					X	X		64
Quinoa-Bulgur-Pastinaken-Laibchen	X						X		60
Quinoa-Salat mit getrockneten Tomaten ...	X						X		130
Reis-Kürbis-Pfanne	X	X	X			X			70
Ricotta-Klöße mit Tomatensauce ...	X	X		X	X	X	X		88
Rote-Bete-Auflauf mit Kartoffeln	X	X			X	X	X		86
Rote-Bete-Eintopf		X	X	X	X	X			120
Rote-Bete-Kartoffel-Suppe mit ...	X			X	X		X		44
Salat mit grünen Bohnen, Avocado ...							X		126

Besonders gut geeignet bei:	A	B	ME	MT	S	Ü	V	D	Seite
Salat mit Sonnenblumenkernen ...	X						X		128
Sandorn-Leinsamen-Taler ...	X						X		174
Saure Kekse	X	X						X	146
Smoothie, Grüner und Roter	X		X		X	X			178
Smoothies Dreierlei									180
Sorbet aus grünen Äpfeln mit Melisse	X		X	X	X				184
Spinatklößchen	X	X				X	X	X	84
Spinatschaumsuppe	X	X	X	X	X		X		32
Süß-saures Putenfleisch mit Muskatkürbis	X	X		X	X	X			116
Superkugeln							X		176
Suppentopf, Altwiener	X	X	X	X	X	X		X	52
Tomatencocktail und Tomatenjuice	X			X	X		X		182
Tomatensalat mit Basilikumdressing	X			X			X		134
Vanille-Quark-Creme mit ...	X	X		X		X	X		172
Vollkornbrötchen	X					X	X		142
Vollkorn-Marmorgugelhupf mit mit Sauerkirschen und Buttermilch	X						X		166
Vollkornreis-Karotten-Laibchen mit ...	X					X	X		82
Wok mit Couscous, Gemüse und Pilzen	X					X	X		80
Zanderfilet mit Sesamspinat	X	X	X			X	X		98
Zitronen-Champignon-Reis	X							X	78
Zucchini, Gefüllte	X	X	X	X	X	X			62
Zucchini-Leinsamen-Knabberei	X						X		148

SYMBOLERKLÄRUNG

vegetarisch glutenfrei laktosefrei

Spinatschaumsuppe mit Minze

GUT GEEIGNET BEI
Appetitlosigkeit • Blähungen • Mundschleimhautentzündung
Mundtrockenheit • Schluckbeschwerden • Verstopfung

137 kcal je Portion • für Diabetiker geeignet • ballaststoffreich

ZUTATEN FÜR 2–3 PORTIONEN
2 Frühlingszwiebeln*
150 g Blattspinat
1 Kartoffel (mehlig)
Olivenöl extra vergine
750 ml Gemüsesuppe
(siehe Grundrezept S. 29)
1 Prise getrocknete Minze
1 Prise Muskatnuss
Salz und Pfeffer
1 Schuss laktosefreie Sahne

* Bei Unverträglichkeit die Frühlingszwiebeln weglassen.

ZUBEREITUNG (CA. 25 MIN. OHNE GARZEIT)
Frühlingszwiebeln waschen, Wurzeln entfernen, nur den weißen Teil klein schneiden.

Spinat putzen und waschen, Kartoffel schälen und in Würfel schneiden.

Etwas Olivenöl in einem Kochtopf erhitzen und die Frühlingszwiebeln sautieren, Spinat und Kartoffelwürfel beifügen und mit Suppe aufgießen.

Leicht köcheln lassen, bis das Gemüse gar ist. Anschließend die Suppe pürieren und mit Minze, Muskat, Salz und Pfeffer abschmecken, mit einem Schuss Sahne noch einmal mixen und servieren.

TIPP
Gerade Suppen sind während einer Chemotherapie eine Wohltat. Sie sind schnell zubereitet und können leicht nach persönlichem Geschmack abgewandelt werden. So kann man bei diesem Rezept z. B. den Spinat durch anderes Blattgemüse (z. B. grünen Kopfsalat = besonders mild, Wildkräuter etc.) oder auch durch Gemüse ersetzen.

Rezept: Kochen & Küche/Ulrike Zika

Hühnersuppeneintopf

GUT GEEIGNET BEI

Appetitlosigkeit • Mundschleimhautentzündung • Mundtrockenheit
Schluckbeschwerden • Verstopfung

293 kcal je Portion • für Diabetiker geeignet, ballaststoffreich

ZUTATEN FÜR 4–6 PORTIONEN

½ Suppenhuhn
1 l Wasser
Salz und einige Pfefferkörner
1 Stängel Liebstöckel
100 g Karotten, geschält und in kleine Stifte geschnitten
50 g Lauch, gewaschen und in dünne Ringe geschnitten
50 g Fenchel, geputzt und in kleine Stifte geschnitten

50 g Maiskörner
100 g Vollkornnudeln
frische Petersilie

ZUBEREITUNG (35 MIN. OHNE GARZEIT)

Das Suppenhuhn unter fließendem kaltem Wasser abspülen, halbieren und in einem Liter kaltem Wasser zustellen, Salz, Pfefferkörner und Liebstöckel hinzufügen und zum Kochen bringen.

Etwa 40 Minuten bei kleiner Hitze leicht köcheln lassen, anschließend das Huhn herausnehmen, das Fleisch überkühlen lassen, die Knochen und die Haut entfernen und das Hühnerfleisch in Würfel schneiden.

Die abgeseihte Suppe wieder aufkochen, das klein geschnittene Gemüse hineingeben und darin ziehen lassen, bis es bissfest ist.

Die Suppe eventuell nachwürzen, mit den Maiskörnern, den gekochten und abgeseihten Nudeln und dem Hühnerfleisch nochmals erhitzen und anrichten, mit fein gehackter Petersilie betreuen.

TIPP

Diese Suppe ist einfach in der Zubereitung, lässt sich auch 1–2 Tage im Kühlschrank aufbewahren, sättigt gut und ist gesund.
Ersatzweise kann auch 250 g gemischtes Tiefkühlgemüse verwendet werden.

Rezept: Claudia Petru

Klare Kraftsuppe aus Rinderknochen und Gemüse

GUT GEEIGNET BEI
Appetitlosigkeit • Mundschleimhautentzündung • Mundtrockenheit
Schluckbeschwerden • Verstopfung

19 kcal je 100 ml • für Diabetiker geeignet

ZUTATEN FÜR CA. 2 LITER SUPPE

600 g Knochen vom Bio-Rind, grob zerteilt
2 EL Apfelessig
2 l Wasser
1/2 Sellerieknolle
1 mittelgroße Stange Lauch
1 mittelgroße Karotte
5 Stängel Petersilie

TIPP

Durch die lange Kochzeit werden viele Nährstoffe aus den Knochen gelöst.
Das macht diese Rindsuppe zum wahren Kraftspender!
Die Suppe kann man gut portionsweise auf Vorrat einfrieren.

ZUBEREITUNG (CA. 45 MIN. OHNE KOCHZEIT)

Den Backofen vorheizen, die Knochen auf einem Backblech verteilen und bei 200 °C 20 Minuten rösten (die Röstaromen der gebackenen Knochen verleihen der Suppe einen besonders intensiven Geschmack).

Danach die Knochen sowie den Apfelessig in einen großen Kochtopf geben, mit Wasser auffüllen und zum Kochen bringen, zugedeckt mindestens 3 Stunden auf kleiner Stufe köcheln lassen (immer wieder den entstehenden Schaum abschöpfen).

In der Zwischenzeit das Gemüse waschen und in Stucke schneiden, zur Rindsuppe geben und eine weitere Stunde kochen lassen, sodass die Suppe insgesamt mindestens 4 Stunden kocht .

Zum Schluss die Petersilienstängel zur Suppe geben und 15 Minuten mit geschlossenem Deckel bei geringer Temperatur ziehen lassen – nicht mehr kochen.

Suppe abseihen und pur genießen oder mit Nudeln oder beliebigen anderen Suppeneinlagen genießen!

Kartoffelcremesuppe

GUT GEEIGNET BEI
Appetitlosigkeit • Blähungen • Mundschleimhautentzündung
Mundtrockenheit • Schluckbeschwerden • Übelkeit • Durchfall

300 kcal je Portion • für Diabetiker geeignet • ballaststoffreich

ZUTATEN FÜR 4 PORTIONEN

400 g mehlige Kartoffeln
2 Schalotten
Olivenöl extra vergine
750 ml Gemüsesuppe
(siehe Grundrezept S. 29)
Muskatnuss
Salz und Pfeffer
100 ml laktosefreie Sahne

1 Handvoll Pinienkerne

ZUBEREITUNG (CA. 25 MIN. OHNE GARZEIT)

Für die Suppe Kartoffeln und Schalotten schälen und klein schneiden.

Schalotten in etwas Olivenöl glasig dünsten, Kartoffeln beifügen und mit Gemüsesuppe aufgießen, mit Muskatnuss, Salz und Pfeffer würzen.

Sobald die Kartoffeln weich sind, einen Schuss Sahne beifügen und die Suppe mit dem Stabmixer mixen.

In einer Pfanne Pinienkerne trocken rösten, bis sie zu duften beginnen.

Die Kartoffelsuppe in Suppenschalen oder Teller füllen, mit etwas Olivenöl beträufeln und mit den gerösteten Pinienkernen bestreut servieren.

TIPP

Wer möchte, kann die Suppe noch mit 1 TL Pesto verfeinern, das macht sie besonders geschmackvoll und reichhaltig (besonders für jene geeignet, die während der Chemotherapie viel abgenommen haben).

Rezept: Kochen & Küche/Ulrike Zika

Pastinakensuppe mit Balsamico-Haselnüssen

GUT GEEIGNET BEI
Appetitlosigkeit • Blähungen • Mundschleimhautentzündung
Schluckbeschwerden • Mundtrockenheit • Übelkeit

299 kcal je Portion (4 Portionen) • für Diabetiker geeignet • ballaststoffreich

ZUTATEN FÜR 4–6 PORTIONEN
700 g Pastinaken
1 Zwiebel*
2 EL Olivenöl
1 l Gemüsesuppe
(siehe Grundrezept S. 29)
oder Wasser
100 ml laktosefreie Sahne
Salz und Pfeffer
1 Prise Piment, gemahlen
50 g Haselnusskerne
1 EL Kristallzucker
etwas Honig
Balsamico-Essig nach
Geschmack (ca. 1 TL, max. 1 EL)

* Bei Unverträglichkeit
die Zwiebel weglassen.

ZUBEREITUNG (CA. 25 MIN. OHNE GARZEIT)
Die Pastinaken waschen, schälen und in Würfel schneiden, Zwiebel schälen und klein schneiden.

Olivenöl in einem Kochtopf erhitzen, Zwiebeln und Pastinaken zugeben und 5 Minuten unter ständigem Rühren dünsten. Anschließend mit Gemüsesuppe aufgießen und bei mittlerer Hitze so lange köcheln lassen, bis die Pastinaken weich sind.

Danach die Suppe pürieren, Sahne zugeben und mit Salz und Pfeffer würzen, kurz einmal aufkochen lassen, mit Piment abschmecken und beiseitestellen.

Die Haselnüsse grob hacken und in einer beschichteten Pfanne trocken anrösten.

Kristallzucker und Honig in einer Kasserolle hell karamellisieren, Haselnüsse dazugeben und mit Balsamico-Essig ablöschen, so lange köcheln lassen, bis sich der Karamell vollständig aufgelöst hat und eine cremig-ziehende Konsistenz hat.

Die Suppe in vorgewärmten Tellern anrichten und mit den Balsamico-Haselnüssen vollenden.

Gemüsesuppe mit Reis

GUT GEEIGNET BEI
Appetitlosigkeit • Blähungen • Mundschleimhautentzündung • Mundtrockenheit
Schluckbeschwerden • Übelkeit • Durchfall

268 kcal je Portion • für Diabetiker geeignet • ballaststoffreich

ZUTATEN FÜR 4 PORTIONEN

100 g Stangensellerie
200 g Mangold
100 g Karotten, geschält
2 EL Olivenöl
20 g Ingwer, fein gerieben
1 EL Tomatenmark
80 g Langkornreis
500 ml Gemüsesuppe (siehe Grundrezept S. 29) oder Wasser
1 TL Oregano
Salz und Pfeffer

ZUBEREITUNG (CA.25 MIN. OHNE GARZEIT)

Stangensellerie und Mangold waschen, putzen, das Selleriegrün und die Mangoldblätter beiseitegeben.

Stangensellerie, Mangoldstiele und die geschälten Karotten in kleine Stifte schneiden.

Olivenöl in einem Kochtopf erhitzen, Sellerie-, Karotten- und Mangoldstifte darin anschwitzen und kurz dünsten, Ingwer, Tomatenmark und Reis zugeben und verrühren.

Mit Gemüsesuppe oder Wasser aufgießen, mit Oregano, Salz und Pfeffer würzen und zugedeckt 10 Minuten köcheln lassen.

Sellerie- und Mangoldblätter klein schneiden, kurz vor Ende der Garzeit in die Suppe geben und mitköcheln lassen, danach in Schalen oder Teller gießen und servieren.

TIPP

Wer nicht empfindlich ist, kann zusätzlich kurz vor Ende der Garzeit 200 g weiße oder Rote Bohnen aus der Dose zur Suppe geben (vorher abseihen und unter fließendem Wasser gründlich abspülen).

Rote-Bete-Kartoffel-Suppe mit Walnüssen und Meerrettich

GUT GEEIGNET BEI
Appetitlosigkeit • Mundtrockenheit • Schluckbeschwerden • Verstopfung

294 kcal je Portion • für Diabetiker geeignet • reich an Omega-3-Fettsäuren
ballaststoffreich

ZUTATEN FÜR 4 PORTIONEN

250 g Rote Bete
250 g Kartoffeln
1 große Zwiebel*
100 g Walnüsse*
1 EL Rapsöl
2 TL Gemüsesalz (Wurzelwerk, Liebstöckel, Petersilie, Salz)
ca. 500 ml Gemüsesuppe (siehe Grundrezept S. 29) oder Wasser
Salz und Pfeffer
100 ml laktosefreie saure Sahne

etwas Meerrettich zum Garnieren

* Bei Unverträglichkeit die Zwiebel weglassen, bei Schluckbeschwerden auf die Walnüsse verzichten.

ZUBEREITUNG (CA.20 MIN. OHNE GARZEIT)

Die Rote Bete und die Kartoffeln schälen und in Würfel oder Spalten schneiden.

Die Zwiebel fein hacken, mit den Walnüssen in Öl anschwitzen und vorsichtig rösten.

Kartoffeln, Rote Bete und Gemüsesalz dazugeben, mit der Suppe oder dem Wasser aufgießen und bei mittlerer Hitze ca. 25 Minuten köcheln lassen, bis das Gemüse weich ist.

Die Suppe pürieren und je nach gewünschter Konsistenz eventuell noch mit Wasser verdünnen, würzen und mit der sauren Sahne verfeinern.

Die Suppe in vorgewärmten Tellern anrichten und mit frisch geriebenem Meerrettich garnieren.

TIPP

Diese Suppe beinhaltet gleich drei Zutaten, die aufgrund ihrer besonders gesunden Inhaltsstoffe als „Superfoods" gelten: Rote Bete, Walnüsse und Meerrettich sind reich an Vitaminen und Mineralstoffen, Meerrettich wirkt zusätzlich antibakteriell.

Rezept: Kochen & Küche/Nicole Zahrer

Grün-weiße Petersilienschaumsuppe mit gerösteten Mandelblättchen

GUT GEEIGNET BEI
Appetitlosigkeit • Blähungen • Mundtrockenheit • Schluckbeschwerden
Übelkeit • Durchfall

272 kcal je Portion • für Diabetiker geeignet • ballaststoffreich

ZUTATEN FÜR 4 PORTIONEN

3 Schalotten*
400 g Petersilienwurzeln
1 EL Rapsöl
900 ml Gemüsesuppe
(siehe Grundrezept S. 29)
Salz und Pfeffer
2 EL Mandelblättchen
1 Handvoll Petersilienblätter
150 ml laktosefreie Sahne
1 EL Zitronensaft
1 TL Senf
etwas Muskatnuss, gerieben

* Bei Unverträglichkeit die Schalotten einfach weglassen und falls gewünscht durch fein gehackten Ingwer ersetzen.

ZUBEREITUNG (35 MIN. OHNE GARZEIT)

Schalotten und Petersilienwurzeln schälen und in kleine Würfel schneiden, diese im erhitzten Rapsöl kurz dünsten.

Anschließend mit der Gemüsesuppe aufgießen und mit Salz und Pfeffer würzen, zugedeckt ca. 15 Minuten köcheln lassen.

Mandelblättchen in einer beschichteten Pfanne ohne Fett hellbraun rösten.

Für die grüne Suppe 150 ml von der gesamten Suppe durch ein Sieb in einen Mixbecher gießen (die Gemüsewürfel aus dem Sieb wieder zurück zur Suppe in den Topf geben).

Petersilienblätter und 2 TL Sahne zur Suppe im Mixbescher geben und beiseitestellen.

Restliche Sahne, Zitronensaft, Senf und Muskatnuss zur Suppe im Topf geben und mit dem Stabmixer mixen, danach abschmecken und in vorgewärmten Tassen anrichten.

Petersilienblätter und Suppe im Mixbecher schaumig mixen und die weiße Suppe in den Tassen damit garnieren, mit den gerösteten Mandelblättchen bestreuen und heiß servieren.

Kürbis-Karotten-Suppe

GUT GEEIGNET BEI
Appetitlosigkeit • Blähungen • Mundtrockenheit • Schluckbeschwerden
Übelkeit • Durchfall

167 kcal je Portion • für Diabetiker geeignet • ballaststoffreich

ZUTATEN FÜR 5–6 PORTIONEN

1 kleiner Hokkaidokürbis (ca. 500 g)
2–3 Karotten
1 Kartoffel
1 Zwiebel*
2 EL Raps- oder Olivenöl
1 TL Ingwer, frisch gerieben
1 TL Kurkuma
1 l Gemüsesuppe (siehe Grundrezept S. 29) oder Wasser
1 Handvoll geröstete Kürbiskerne
Saft von $^1/_2$ Orange
1 Msp. Muskatnuss, gerieben
Salz und Pfeffer

eventuell etwas Kürbiskernöl zum Verfeinern

* Bei Unverträglichkeit die Zwiebel nicht anrösten, erst nach dem Aufgießen in die Suppe geben und einfach mit dem Gemüse mitkochen lassen.

ZUBEREITUNG (CA. 40 MIN. OHNE GARZEIT)

Kürbis waschen und in 2 cm große Stücke schneiden.

Karotten und Kartoffel waschen, schälen und in 1 cm große Scheiben schneiden, Zwiebel schälen und kleinwürfelig schneiden.

Öl in einem Suppentopf erhitzen, Zwiebel darin anschwitzen, dann Kürbis und Karotten dazugeben und kurz durchrösten.

Geriebenen Ingwer und Kurkuma hinzufügen, mit Gemüsesuppe aufgießen und ca. 20 Minuten auf kleiner Flamme zugedeckt köcheln lassen.

In der Zwischenzeit Kürbiskerne in einer Pfanne ohne Fett anrösten, bis sie duften. Wenn das Gemüse weich gegart ist, den Orangensaft hinzufügen und mit geriebener Muskatnuss, Salz und Pfeffer würzen.

Suppe mit dem Pürierstab fein pürieren, mit Salz und Pfeffer abschmecken.

Beim Portionieren je einen TL Kürbiskernöl hineingeben, mit einem Holzstäbchen verrühren und mit Kürbiskernen bestreuen.

TIPP

Man kann natürlich auch andere Kürbissorten verwenden. Hokkaidokürbis muss man nicht schälen, alle anderen Kürbisarten jedoch schon.

Rezept: Kochen & Küche/Sabine Dobesberger

Polenta-Lauchsuppe

GUT GEEIGNET BEI
Appetitlosigkeit • Mundschleimhautentzündung • Mundtrockenheit
Schluckbeschwerden • Übelkeit

440 kcal je Portion • für Diabetiker geeignet • ballaststoffreich

ZUTATEN FÜR 3–4 PORTIONEN

1 kleine Stange Lauch*
2 EL Rapsöl
2 gestrichene EL Maisgrieß (Polenta)
750–1000 ml Wasser oder Gemüsesuppe (siehe Grundrezept S. 29)
125 ml laktosefreie Sahne
Salz und Pfeffer aus der Mühle
1 Prise Muskatnuss

1 EL gehackte Petersilie
2 EL Kürbiskernöl

* Bei Unverträglichkeit den Lauch durch 1/2 Sellerieknolle (kleinwürfelig geschnitten) ersetzen.

ZUBEREITUNG (CA. 20 MIN. OHNE GARZEIT)

Lauch halbieren, waschen und in dünne Streifen schneiden.

In einer Pfanne Öl erhitzen, Lauch hinzufügen und kurz glasig werden lassen.

Maisgrieß einrühren, kurz weiterrösten, mit Wasser oder Suppe (nicht die ganze Flüssigkeit auf einmal) und Sahne aufgießen, aufkochen und 4–6 Minuten köcheln lassen (die Suppe sollte cremig, aber nicht zu dick sein – bei Bedarf Wasser oder Suppe nachgießen).

Mit Salz, Pfeffer und Muskatnuss abschmecken und mit gehackter Petersilie und Kürbiskernöl vollenden.

TIPP

Da sich Maisgrieß je nach Sorte bzw. Marke beim Kochen manchmal unterschiedlich verhält, kann die benötigte Flüssigkeitsmenge von den Angaben abweichen.

Altwiener Suppentopf

GUT GEEIGNET BEI

Appetitlosigkeit • Blähungen • Mundschleimhautentzündung
Mundtrockenheit • Schluckbeschwerden • Übelkeit • Durchfall

472 kcal je Portion • für Diabetiker geeignet • ballaststoffreich

ZUTATEN FÜR CA. 4 PORTIONEN

4 Lorbeerblätter
Salz und Pfeffer
4 Wacholderbeeren
2 g Senfkörner
300 g Tafelspitz (oder ein anderes zum Kochen und Sieden geeignetes Stück Rindfleisch)
3 Zwiebeln
2 Karotten
2 Gelbe Rüben
$^1/_4$ Sellerieknolle
$^1/_2$ Stange Lauch
etwas Petersilie
$^1/_2$ Bund Liebstöckel
60 g gekochte Suppennudeln

Schnittlauchröllchen zum Bestreuen

ZUBEREITUNG (CA. 25 MIN. OHNE GARZEIT)

Topf mit etwa 3–4 l kaltem Wasser auf den Herd stellen, Gewürze und Tafelspitz beigeben (alle Zutaten sollten gut mit Flüssigkeit bedeckt sein!), leicht köcheln lassen, bis der Tafelspitz weich ist (Dauer ca. 60 Minuten).

Das Fleisch herausnehmen, in Würfel schneiden und zur Seite stellen.

Das Gemüse waschen, schälen und in der Suppe ca. 20 Minuten weich kochen, danach mit einem Siebschöpfer herausnehmen, klein schneiden und zur Seite stellen.

Zum Schluss Petersilie und Liebstöckel beigeben, abermals aufkochen und ca. 20 Minuten ziehen lassen, abschmecken und danach abseihen.

Das Fleisch, die Gemüsewürfel sowie die Nudeln in Suppentellern anrichten, die sehr heiße Suppe hinzufügen.

Mit Schnittlauchröllchen bestreuen und sofort servieren.

Rezept: Kochen & Küche/Roman Wurzer

Dinkelgrießsuppe mit Fenchel

GUT GEEIGNET BEI
Appetitlosigkeit • Blähungen • Mundschleimhautentzündung
Mundtrockenheit • Schluckbeschwerden • Übelkeit • Durchfall

115 kcal je Portion • für Diabetiker geeignet • ballaststoffreich

ZUTATEN FÜR 4 PORTIONEN

1 Bund Suppengrün
(1 Karotte, 1 Gelbe Rübe,
1/4 Sellerieknolle, 1/2 Zwiebel,
1 Petersilienwurzel)
1 l Wasser
Salz
1 Fenchelknolle
2 EL Butter
4 EL Dinkelgrieß
1 Prise Muskat
1 Prise Galgant
1 Prise Bertram

1 Handvoll Petersilie

ZUBEREITUNG (CA. 15 MIN. OHNE GARZEIT)

Das Suppengrün im heißen Wasser auskochen, salzen und so eine Gemüsesuppenbasis herstellen.

Fenchel waschen und klein schneiden, Butter in einem Kochtopf schmelzen und den Fenchel darin ca. 10 Minuten dünsten.

Mit der Gemüsesuppe aufgießen und den Dinkelgrieß einrühren.

Mit Muskat, Galgant und Bertram würzen, die Suppe aufkochen, Temperatur zurückschalten und auf ganz kleiner Stufe noch etwa 10 Minuten ziehen lassen.

Petersilie fein hacken und die heiße Suppe damit garnieren.

Rezept: Kochen & Küche/Ulrike Zika

Karotten-Ingwer-Honig-Suppe

GUT GEEIGNET BEI

Appetitlosigkeit • Blähungen • Mundtrockenheit • Schluckbeschwerden
Übelkeit • Durchfall

117 kcal je Portion

ZUTATEN FÜR 4 PORTIONEN

400 g Karotten
1 Zwiebel*
1 EL Ingwer, geschält und fein gerieben
1 Apfel, geschält und fein gerieben
1 EL Rapsöl
750 ml Gemüsesuppe (siehe Grundrezept S. 29)
2 EL Honig
Salz und Pfeffer

Karottenstreifen und Ingwerwürfel zum Garnieren

* Bei Unverträglichkeit die Zwiebel weglassen.

ZUBEREITUNG (CA. 20 MIN. OHNE GARZEIT)

Die Karotten und die Zwiebel schälen und klein schneiden, den Ingwer sowie den Apfel schälen und fein reiben.

Das Rapsöl in einem Kochtopf erhitzen, die Karotten und die Zwiebel darin andünsten.

Ingwer und Apfel dazugeben, umrühren und mit Gemüsesuppe aufgießen.

Mit Honig, Salz und Pfeffer würzen, 15 Minuten leicht köcheln lassen, mit dem Mixstab fein pürieren und abschmecken.

Die Suppe in vorgewärmte Schalen gießen und mit Karottenstreifen und Ingwerwürfeln garnieren.

FLEISCHLOSE HAUPTSPEISEN

Getreideschnitzel

GUT GEEIGNET BEI
Appetitlosigkeit • Übelkeit • Verstopfung

457 kcal je Portion • für Diabetiker geeignet • ballaststoffreich

ZUTATEN FÜR 4–6 PORTIONEN
70 g Hirse
70 g Buchweizenkörner
70 g Naturreis
ca. 900 ml Wasser
1 Karotte
1 Kartoffel
2 Schalotten
3 Eier
ca. 70 g Haferflocken
(wenn die Masse zu weich ist)
1 Prise Salz
1 Prise Paprikapulver

Rapsöl zum Herausbacken

ZUBEREITUNG (CA. 30 MIN. OHNE GARZEIT)
Die Hirse, die Buchweizenkörner und den Reis jeweils in einem Sieb unter fließendem Wasser gründlich abspülen.

Dann in jeweils ca. 300 ml gesalzenem Wasser getrennt bei geringer Temperatur weich kochen (Hirse und Buchweizen ca. 20 Minuten, Naturreis ca. 30 Minuten) und aufquellen lassen (falls noch Wasser vorhanden ist, abseihen).

Karotte und Kartoffel schälen und raspeln, Schalotten schälen und fein hacken.

Ausgekühltes Getreide und Gemüse mit den Eiern und nach Bedarf Haferflocken zu einer festen Masse verarbeiten, mit wenig Salz und Paprikapulver würzen.

Aus der Masse flache Scheiben formen, diese im Öl goldgelb braten und auf Küchenpapier legen, gut abtupfen, um die Fettmenge zu reduzieren.

TIPP
Dazu grünen Salat oder Rote-Bete-Salat servieren.

Quinoa-Bulgur-Pastinaken-Laibchen

GUT GEEIGNET BEI
Appetitlosigkeit • Verstopfung

429 kcal je Portion • für Diabetiker geeignet • ballaststoffreich

ZUTATEN FÜR 4 PORTIONEN

400 g Pastinaken
1 Zwiebel*
2 Knoblauchzehen*
70 g Quinoa
3 EL Olivenöl
70 g Bulgur
500 ml Gemüsesuppe
2 Eier
2 EL Paniermehl
2 EL Petersilie, fein geschnitten
Salz und Pfeffer
Kümmel, gemahlen
etwas Currypulver
Öl zum Braten

* Bei Unverträglichkeit die Zwiebeln einfach weglassen bzw. frischen Knoblauch durch Knoblauchpulver ersetzen.

TIPP

Dazu passt ein Dip, z. B. laktosefreies Joghurt oder saure Sahne mit fein gehackten Kräutern nach Belieben, gewürzt mit Salz, Pfeffer und 1 Prise Kurkuma.

ZUBEREITUNG (CA. 35 MIN. OHNE GARZEIT)

Die Pastinaken waschen, schälen und die Hälfte davon in dünne Scheiben, die restlichen in kleine Würfel schneiden. Zwiebel und Knoblauch schälen und klein schneiden.

Quinoa gut mit heißem Wasser abspülen, um die Bitterstoffe zu entfernen.

3 EL Olivenöl in einer Pfanne erwärmen, die Pastinakenwürfel darin anschwitzen. Zwiebel und Knoblauch dazugeben, umrühren und dann Quinoa und Bulgur kurz mitrösten.

Mit Gemüsesuppe aufgießen und 15 Minuten leise köcheln lassen, danach den Kochtopf vom Herd nehmen und die Masse aufquellen und vollständig auskühlen lassen.

Die Masse mit Eiern, Paniermehl und Petersilie vermischen, mit Salz, Pfeffer, Kümmel und Currypulver würzen, gut durchrühren und kurz ziehen lassen (sollte die Masse zu weich sein, noch 1–2 EL Paniermehl untermengen).

Mit feuchten Händen aus der Masse 8 flache Scheiben (Laibchen) formen, etwas Öl in einer beschichteten Pfanne erhitzen.

Laibchen einlegen und auf beiden Seiten bei mäßiger Hitze braten.

Zum Schluss die in Scheiben geschnittenen Pastinaken in derselben Pfanne knackig braten und leicht mit Salz und Pfeffer würzen, mit den Laibchen auf vorgewärmten Tellern anrichten.

Gefüllte Zucchini

GUT GEEIGNET BEI

Appetitlosigkeit • Blähungen • Mundschleimhautentzündung
Mundtrockenheit • Schluckbeschwerden • Übelkeit

593 kcal je Portion • für Diabetiker geeignet

ZUTATEN FÜR 2 PORTIONEN ALS HAUPTSPEISE

2 mittelgroße Zucchini
250 g laktosefreier Quark
100 g Schafkäse
(z. B. Feta; wahlweise auch geriebener Parmesan)
Basilikum und Oregano
Salz und Pfeffer
1 Ei

ZUBEREITUNG (CA. 20 MIN. OHNE GARZEIT)

Zucchini längs halbieren, aushöhlen und kurz in Salzwasser blanchieren (die Zucchini sollten noch bissfest sein).

Quark mit zerbröseltem Schafkäse (oder Parmesan), fein gehackten Kräutern, Gewürzen und Ei verrühren, die Quarkmasse in die blanchierten Zucchini füllen.

Die Zucchinihälften in eine leicht befettete Auflaufform setzen und im vorgeheizten Backofen bei 200 °C ca. 15 Minuten garen, bis die Fülle schön gebräunt ist.

TIPP

Junge Zucchini müssen vor dem Backen nicht blanchiert werden!

Rezept: Kochen & Küche/Sabine Vopava

Quinoa mit Pilzen

GUT GEEIGNET BEI

Appetitlosigkeit • Verstopfung • Übelkeit

321 kcal • für Diabetiker geeignet • ballaststoffreich

ZUTATEN FÜR CA. 2 PORTIONEN

1/2 Tasse (100 ml) Quinoa
1 1/2 Tassen Wasser
200 g Shiitake Pilze
1 kleine Zwiebel*
2 EL Rapsöl
ca. 1/2 cm Ingwerwurzel
wenig Salz
Kümmel, gemahlen

* Bei Unverträglichkeit die Zwiebel einfach weglassen.

ZUBEREITUNG (25 MIN. OHNE GARZEIT)

Quinoa in einem Sieb unter fließendem, heißem Wasser gründlich abspülen (damit die Bitterstoffe entfernt werden).

Quinoa ins kochende Wasser geben und auf kleiner Flamme ca. 20 Minuten köcheln lassen, bis die Flüssigkeit aufgesogen ist, dann ausdampfen lassen.

Die Pilze mit einem Pinsel oder Küchenpapier säubern, falls nötig die angetrockneten Stielenden entfernen und die Pilze je nach Größe vierteln oder in Scheiben schneiden.

Die Zwiebel schälen und fein hacken, im erhitzten Öl glasig werden lassen, die Pilze dazugeben und alles kurz durchrösten, zum Schluss frisch geriebenen Ingwer zufügen und noch kurz mitrösten, mit Salz und Kümmel würzen.

Quinoa zur Pilzmischung geben und alles gut vermischen.

PATIENTINNEN-TIPP

Dieses Gericht habe ich während der Chemotherapie sehr häufig gegessen, es ist schnell und einfach zu kochen und schmeckt noch dazu ausgezeichnet. Quinoa und auch Shiitake Pilze sind sehr gesund. Manchmal habe ich statt der Pilze aber auch klein geschnittenes, knackig gedünstetes Gemüse unter die Quinoa gemischt.

Rezept: Irmtraud Weishaupt-Orthofer

Petersilienwurzel-Strudel mit Karottensauce

GUT GEEIGNET BEI

Appetitlosigkeit • Blähungen • Schluckbeschwerden • Übelkeit

392 kcal je Portion • für Diabetiker geeignet • ballaststoffreich

ZUTATEN FÜR 1 STRUDEL (CA. 6 PORTIONEN)

500 g Petersilienwurzeln
250 g speckige Kartoffeln
150 g frischer Spinat
3 EL Öl
4 EL Paniermehl
2 Eier
150 ml laktosefreie Sahne
100 g Bergkäse
Salz und Pfeffer

2 Strudelteigblätter
flüssige Butter zum Bestreichen

SAUCE

150 g Karotten
1 EL Rapsöl
1 TL Liebstöckel
250 ml Gemüsesuppe (siehe Grundrezept S. 29)
Salz und Pfeffer
1 Prise Kristallzucker

ZUBEREITUNG (CA. 30 MIN. OHNE GARZEIT)

Petersilienwurzeln und Kartoffeln waschen, schälen und in dünne Scheiben schneiden, Spinat verlesen, waschen und in feine Streifen schneiden.

Gemüse im erhitzten Öl ca. 10 Minuten dünsten. Dann das Paniermehl untermischen und in eine Schüssel zum Auskühlen geben.

Eier, Sahne und fein geriebenen Bergkäse unter die Gemüsemasse rühren und mit Salz und Pfeffer würzen. Die Strudelteigblätter mit der flüssigen Butter bestreichen und übereinander auf ein feuchtes Tuch auflegen.

Die Fülle auf der oberen Hälfte der Teigblätter verteilen und die seitlichen Teile nach innen einschlagen, mithilfe des Tuches zu einem Strudel einrollen, auf ein mit Backpapier ausgelegtes Backblech heben, mit Butter bestreichen und im vorgeheizten Backofen bei 180 °C auf unterster Schiene 25 Minuten backen.

Währenddessen für die Sauce Karotten schälen und klein schneiden, im erhitzten Rapsöl ca. 5 Minuten dünsten.

Liebstöckel hinzufügen, mit Suppe aufgießen und mit Salz, Pfeffer und Kristallzucker würzen, zugedeckt 10 Minuten köcheln lassen, danach mit dem Stabmixer fein pürieren und abschmecken. Den Strudel aus dem Ofen nehmen, portionieren und mit der Karottensauce servieren.

Kürbis aus dem Ofen mit Schafkäse und Kürbiskernen

GUT GEEIGNET BEI
Appetitlosigkeit • Blähungen • Mundtrockenheit
Schluckbeschwerden • Verstopfung

285 kcal je Portion • für Diabetiker geeignet • laktosearm
reich an Omega-3-Fettsäuren • ballaststoffreich

ZUTATEN FÜR 2 PORTIONEN

ca. 400 g Hokkaidokürbis
1 Schuss Olivenöl extra vergine
1 TL Koriander, gemahlen
Salz
75 g Schaf- oder Ziegenkäse
1 Handvoll Kürbiskerne
frische Kräuter

PATIENTINNEN-TIPP

Dieses Gericht habe ich während meiner Chemo sehr oft gemacht. Kürbis schmeckt einfach so mild, das Gericht ist unkompliziert, geht schnell und schmeckt gut. Wer keinen Schaf- oder Ziegenkäse mag, kann jeden beliebigen anderen Käse verwenden (Schnittkäse fein reiben).

ZUBEREITUNG (CA. 15 MIN. OHNE GARZEIT)

Kürbis waschen, halbieren (Hokkaidokürbis muss man nicht schälen, alle anderen Kürbisarten schon), die Kerne entfernen und den Kürbis in Spalten schneiden.

Kürbisspalten auf ein mit Backpapier ausgelegtes Backblech legen, mit Olivenöl beträufeln, mit gemahlenem Koriander bestreuen und etwas salzen.

Die Kürbisspalten im Backofen bei 180 °C ca. 20 Minuten garen, anschließend den Schaf- oder Ziegenkäse darüberbröseln und die Kürbiskerne darüberstreuen.

Das Backblech für weitere 10 Minuten in den Ofen schieben, damit der Käse schmilzt.

Danach den gebackenen Kürbis mit frischen Kräutern garniert heiß servieren.

Rezept: Kochen & Küche/Ulrike Zika

Reis-Kürbis-Pfanne

GUT GEEIGNET BEI
Appetitlosigkeit • Blähungen • Mundschleimhautentzündung
Übelkeit

305 kcal je Portion • für Diabetiker geeignet • laktosearm • ballaststoffreich

ZUTATEN FÜR 4 PORTIONEN
100 g Wildreis-Mischung
300 ml Gemüsesuppe
(siehe Grundrezept S. 29)
ca. 800 g Hokkaido-
oder Muskatkürbis
1 Zwiebel*
3 EL Olivenöl
1 TL Kurkuma
etwas Nelkenpulver
Salz

Petersilien- und Korianderblätter
zum Garnieren

* Bei Unverträglichkeit
die Zwiebel einfach weglassen.

ZUBEREITUNG (CA. 20 MIN. OHNE GARZEIT)
Den Reis in einem Sieb unter fließendem Wasser waschen und abtropfen lassen.

Die Gemüsesuppe in einer Kasserolle zum Kochen bringen, Wildreis-Mischung zugeben, umrühren und mit geschlossenem Deckel ca. 20 Minuten leicht köcheln lassen (wenn die Flüssigkeit früher verdunstet ist, bevor der Reis weich ist, nochmals etwas Suppe zugießen).

Den Kürbis halbieren, die Kerne entfernen, Muskatkürbis schälen (beim Hokkaido ist das nicht nötig), Kürbisfleisch in 1 cm große Würfel schneiden, Zwiebel feine hacken.

Das Öl in einer geeigneten Pfanne erhitzen, Zwiebel und Kürbiswürfel hinzugeben und kurz durchschwenken, anschließend mit Kurkuma und Nelkenpulver würzen und wieder durchschwenken.

Den gekochten Reis hinzufügen, alles gut vermischen, salzen und abschmecken, mit Petersilien- oder Korianderblättern garniert servieren.

Cremige Polenta mit Auberginen-Tomaten-Sauce

GUT GEEIGNET FÜR

Appetitlosigkeit • Blähungen • Schluckbeschwerden • Übelkeit • Verstopfung

335 kcal je Portion • für Diabetiker geeignet • ballaststoffreich

ZUTATEN FÜR 4 PORTIONEN

SAUCE

1 große Auberginen
Salz
300 g geschälte Fleischtomaten
50 ml Olivenöl
2 Knoblauchzehen
1 EL Tomatenmark
1 TL Vollrübenzucker
70 ml Gemüsesuppe
(siehe Grundrezept S. 29)
Pfeffer
2 EL Kräuter, fein gehackt

POLENTA (MAISGRIESSBREI)

300 ml Gemüsesuppe
200 ml laktosefreie Milch
Salz
1 Prise Muskatnuss
200 ml feiner Maisgrieß
1 EL Schnittlauch, fein geschnitten
50 ml Sahne

etwas Petersilie, fein gehackt
2 EL würziger Hartkäse, gerieben

ZUBEREITUNG (CA. 30 MIN. OHNE GARZEIT)

Für die Sauce die Auberginen in 1,5 cm dicke Scheiben schneiden, auf einen Teller legen und mit Salz bestreuen.

Nach 10 Minuten den ausgetretenen Saft mit Küchenrolle abtupfen (dadurch werden mögliche Bitterstoffe entfernt).

Die Melanzanischeiben in ca. 1,5 cm große Würfel schneiden, Tomaten ebenfalls würfelig schneiden.

Olivenöl in einer Pfanne erhitzen und die Auberginenwürfel von allen Seiten nicht zu heiß anbraten, die geschälten Knoblauchzehen im Ganzen, Tomatenmark und Zucker hinzufügen und kurz mitrösten.

Mit Gemüsesuppe aufgießen und eine Minute einkochen lassen, die Tomatenwürfel hinzufügen und 5 Minuten köcheln lassen.

Mit Salz und Pfeffer würzen, die Kräuter hinzufügen und kurz ziehen lassen, anschließend die Knoblauchzehen entfernen.

Für die Polenta Gemüsesuppe, Milch, Salz und Muskatnuss aufkochen, Maisgrieß einstreuen und umrühren, anschließend die Masse auf der ausgeschalteten Herdplatte ca. 10 Minuten aufquellen lassen.

Vor dem Servieren Schnittlauch und Sahne unterziehen, mit Petersilie und Käse bestreuen und mit der Gemüsesauce anrichten.

Rezept: Kochen & Küche/Grünes Zebra

Kichererbsen-Blitzcurry

GUT GEEIGNET BEI
Appetitlosigkeit • Mundtrockenheit • Schluckbeschwerden
Übelkeit • Verstopfung

394 kcal je Portion • für Diabetiker geeignet • laktosearm
ballaststoffreich

ZUTATEN FÜR 2 PORTIONEN
200 ml Kokosmilch
2 EL Currypulver oder
nur Kurkuma
250 g gekochte Bio-Kichererbsen
aus dem Glas
Salz und Pfeffer
1 Spritzer Limettensaft
2 Frühlingszwiebeln*

* Bei Unverträglichkeit die Frühlingszwiebeln weglassen.

ZUBEREITUNG (CA. 15 MIN.)
Die Kokosmilch erhitzen, Currypulver oder Kurkuma einrühren.

Die gekochten Kichererbsen beifügen und erhitzen, mit Salz, Pfeffer und Limettensaft abschmecken.

Frühlingszwiebeln putzen und in schräge Streifen schneiden, die Suppe mit Frühlingszwiebeln bestreuen und servieren.

TIPP
Dazu passt Reis oder Fladenbrot.
Kichererbsen enthalten hochwertiges Eiweiß, jede Menge Ballaststoffe, Vitamine und Mineralien.

Rezept: Kochen & Küche/Ulrike Zika

Gemüsesaucen-Basis

GUT GEEIGNET BEI
Appetitlosigkeit • Blähungen • Mundschleimhautentzündung
Schluckbeschwerden • Übelkeit

64 kcal je 100 g • für Diabetiker geeignet • ballaststoffreich

ZUTATEN FÜR CA. 1,5 LITER

500 g Kürbis (z. B. Butternuss)
500 g Zucchini
2 Karotten
2 große Kartoffeln
1 Zwiebel*
4–5 EL Öl zum Anbraten
frische oder getrocknete Kräuter nach Belieben
1 Knoblauchzehe*
Salz und Pfeffer

* Bei Unverträglichkeit Zwiebel weglassen oder durch geriebenen Ingwer ersetzen, Knoblauch durch Knoblauchpulver ersetzen.

ZUBEREITUNG (30 MIN. OHNE GARZEIT)

Zucchini waschen und in Scheiben oder Würfel schneiden, den Kürbis, die Karotten und Kartoffeln schälen und in Würfel schneiden.

Zwiebel fein hacken, im erhitzten Öl glasig anschwitzen, die Gemüsewürfel dazugeben und kurz durchbraten.

Dann mit Kräutern, Knoblauch, Salz und Pfeffer würzen und mit reichlich Wasser aufgießen (das Wasser sollte das Gemüse nicht nur bedecken, sondern mindestens 5 cm höher stehen).

Aufkochen lassen, dann die Temperatur reduzieren und ca. 30 Minuten köcheln lassen, bis das Gemüse schön weich ist.

Zwischendurch einige Male umrühren und falls nötig etwas Wasser hinzufügen.

Zum Schluss das Gemüse pürieren (es sollte eine sämige Konsistenz wie eine etwas dickere Cremesuppe haben).

PATIENTINNEN-TIPP

Ich setze im Garten immer Kürbisse und Zucchini an. Daraus mache ich jedes Jahr auf Vorrat diese Gemüsesauce und friere sie dann portionsweise (meist in 200 ml-Behältern) ein. Nach dem Auftauen kann man die Sauce als Sugo zu Nudeln oder zu Reis verwenden, etwas verdünnt als Sauce für Naturschnitzel oder andere Fleischgerichte oder auch als Gemüsesuppe (in diesem Fall gebe ich dann etwas frisch gedünstetes Gemüse wie Brokkoli- oder Blumenkohlröschen, Erbsen, Kartoffelwürfel etc. mit dem Kochwasser dazu).

Rezept: Irmtraud Weishaupt-Orthofer

Zitronen-Champignon-Reis

GUT GEEIGNET BEI
Appetitlosigkeit • Durchfall

439 kcal je Portion • für Diabetiker geeignet • ballaststoffreich

ZUTATEN FÜR 2 PORTIONEN

200 g Langkornreis
1 Zwiebel*
1 Knoblauchzehe*
250 g Champignons
1 EL Bio-Suppenwürze
1/2 Bund frische Petersilie
1 Schuss Olivenöl extra vergine
1 Zitrone (unbehandelt)
Salz und Pfeffer

* Bei Unverträglichkeit die Zwiebel einfach weglassen bzw. den Knoblauch durch Knoblauchpulver ersetzen.

ZUBEREITUNG (CA. 20 MIN. OHNE GARZEIT)

Den Reis in einem Sieb unter fließendem Wasser waschen, mit der doppelten Menge Wasser in einen Topf geben, auf den Herd stellen.

Zwiebel und Knoblauch schälen und ganz fein hacken, Champignons blättrig schneiden und mit der Suppenwürze zum Reis geben.

Nach dem Aufkochen die Hitze reduzieren und den Reis ca. 20 Minuten weich dünsten, bis die Flüssigkeit vom Reis aufgenommen wurde.

Die fein gehackte Petersilie unterrühren, den Reis mit Olivenöl, Saft und abgeriebener Zitronenschale, Salz und Pfeffer abschmecken.

PATIENTINNEN-TIPP

Suppenwürze kann man ganz leicht selbst herstellen: Wurzelgemüse (Sellerieknolle, Petersilienwurzel, Karotten, Gelbe Rüben), Zwiebel, Lauch, Liebstöckel gründlich waschen, putzen oder schälen und grob raspeln bzw. fein schneiden, mit Salz vermischen (¾ Gemüse und Kräuter, ¼ Salz) und in Eiswürfelbehältern (oder ähnlich großen Portionsbehältern) einfrieren. Für ca. 500 ml Wasser braucht man 1 dieser „Suppenwürfel", mindestens 30 Minuten kochen, falls nötig, nachwürzen.

Rezept: Kochen & Küche/Ulrike Zika

Wok mit Couscous, Gemüse und Pilzen

GUT GEEIGNET BEI
Appetitlosigkeit • Übelkeit • Verstopfung

154 kcal je Portion • für Diabetiker geeignet • ballaststoffreich

ZUTATEN FÜR 4 PORTIONEN

1 Stange Lauch*
200 g Karotten
200 g Stangensellerie
150 g Austernpilze
2 EL Olivenöl
50 g Couscous
300 ml Gemüsesuppe
(siehe Grundrezept S. 29)
1 TL Tomatenmark
Salz und Pfeffer

* Bei Unverträglichkeit den Lauch durch in Würfel geschnittene Zucchini ersetzen.

ZUBEREITUNG (CA. 35 MIN. OHNE GARZEIT)

Den Lauch putzen, waschen und in Ringe schneiden, Karotten schälen und klein schneiden.

Stangensellerie putzen, waschen und in 1 cm kleine Stücke schneiden, Austernpilze putzen und in mundgerechte Stücke schneiden.

Olivenöl im Wok erhitzen, das Gemüse und die Austernpilze kurz darin anbraten.

Den Couscous dazugeben, untermengen und danach mit Gemüsesuppe aufgießen, ca. 10 Minuten ziehen lassen, bis der Couscous gar ist.

Anschließend das Tomatenmark unterrühren und mit Salz und Pfeffer würzen, abschmecken und in Schälchen anrichten.

Vollkornreis-Karotten-Laibchen mit Kräuterdip

GUT GEEIGNET BEI
Appetitlosigkeit • Übelkeit • Verstopfung

422 kcal je Portion • für Diabetiker geeignet • ballaststoffreich

ZUTATEN FÜR 4 PORTIONEN

250 g Vollkornreis
250 g Karotten
1 EL laktosefreier Magerquark
3 Eier
1 EL Mais- oder Kartoffelstärke
50 g Schnitt- oder Hartkäse, fein gerieben

Öl zum Braten

DIP

150 ml laktosefreies Joghurt
2 EL gemischte Kräuter (z. B. Petersilie, Thymian, Schnittlauch), fein geschnitten
Salz und Pfeffer
1 Prise Kristallzucker

ZUBEREITUNG (40 MIN. OHNE GARZEIT)

Den Reis in einem Sieb unter fließendem Wasser abspülen, in 500 ml leicht gesalzenem Wasser ca. 25 Minuten weich dünsten.

Die Karotten schälen und fein reiben.

Reis und Karotten mit den restlichen Zutaten in einer Schüssel gut vermischen und etwas ziehen lassen.

Für den Dip das Joghurt in eine Schüssel geben, Kräuter und Gewürze dazugeben, vermischen, abschmecken und kalt stellen.

Öl in einer Pfanne erhitzen, aus der Reismasse kleine flache Scheiben (Laibchen) formen und bei mittlerer Hitze auf beiden Seiten braten.

Die Laibchen mit dem Kräuterdip und beliebigem Salat servieren.

Spinatklößchen

GUT GEEIGNET BEI
Appetitlosigkeit • Blähungen • Übelkeit • Verstopfung • Durchfall

487 kcal je Portion • für Diabetiker geeignet • ballaststoffreich

ZUTATEN FÜR 2 PORTIONEN

150 g passierter Spinat (TK-Ware)
60 ml Wasser
70 g Pflanzenmargarine
100 g Mehl
1 Ei
Salz und Pfeffer
1 Knoblauchzehe*

etwas Butter zum Beträufeln

* Bei Unverträglichkeit statt frischem Knoblauch Knoblauchpulver verwenden.

ZUBEREITUNG (CA. 30 MIN. OHNE GARZEIT)

Spinat auftauen lassen, Wasser mit Margarine aufkochen, das Mehl einrühren und die Masse so lange rösten, bis sie sich gut vom Geschirr löst, dann vom Herd nehmen und überkühlen lassen.

Das Ei verquirlen, unter die überkühlte Mehlmasse rühren und anschließend den aufgetauten Spinat hinzufügen, mit Salz, Pfeffer und dem gepressten Knoblauch würzen.

Aus der Masse mithilfe von 2 Esslöffeln kleine längliche Klößchen formen, diese in kochendes Salzwasser einlegen und ca. 10 Minuten bei geringer Hitze ziehen lassen, bis sie an der Wasseroberfläche schwimmen.

Anschließend abseihen und abtropfen lassen.

Die Klößchen mit heißer Butter beträufeln und mit Salat servieren.

TIPP

Dazu Salat nach Saison und Verträglichkeit servieren. Sehr gut schmeckt es auch, wenn man die Klößchen mit geriebenem Parmesan bestreut und im Backofen kurz überbacken lässt.

Rote-Bete-Auflauf mit Meerrettich und Kartoffeln

GUT GEEIGNET BEI

Appetitlosigkeit • Blähungen • Schluckbeschwerden • Übelkeit • Verstopfung

477 kcal je Portion • für Diabetiker geeignet • ballaststoffreich

ZUTATEN FÜR 4 PORTIONEN

2–3 festkochende Kartoffeln
ca. 200 g gekochte Rote Bete
1 Zwiebel*
4 EL Olivenöl
Thymian, Kümmel gemahlen
Salz und Pfeffer
30 g Meerrettich, gerieben

8 Eier
6 EL laktosefreie saure Sahne

* Bei Unverträglichkeit die Zwiebel weglassen.

ZUBEREITUNG (CA. 25 MIN. OHNE GARZEIT)

Die Kartoffeln waschen, schälen, in 3 cm große Stücke schneiden und 10 Minuten in Salzwasser blanchieren.

Die gekochten Roten Beete ebenfalls in Würfel schneiden, die Zwiebel schälen und fein hacken.

Das Olivenöl in einer beschichteten Pfanne erhitzen und die Kartoffelwürfel 2 Minuten anbraten, dann die Roten Bete und Zwiebel zugeben, kurz mitbraten, dann würzen und den geriebenen Meerrettich beigeben.

Die Eier mitder sauren Sahne verquirlen und leicht salzen.

Die Gemüsemischung in eine befettete Form geben, die Eiermasse darübergießen, sodass die Gemüsemischung vollständig bedeckt ist, und den Auflauf bei 160 °C 15 Minuten goldgelb backen, aus dem Ofen nehmen und leicht abkühlen lassen.

PATIENTINNEN-TIPP

Ich konnte während der Chemotherapie kein Fleisch essen. Das Blutbild war oft nicht im Normbereich. Durch die Eier und die Rote Bete in diesem Rezept konnte ich mir gut weiterhelfen.

Ricottaklöße mit Basilikum und Tomatensauce

GUT GEEIGNET BEI

Appetitlosigkeit • Blähungen • Mundtrockenheit • Schluckbeschwerden Übelkeit • Verstopfung

200 kcal je Portion

ZUTATEN FÜR 4 PORTIONEN

RICOTTAKLÖSSE

350 g mehlige Kartoffeln
150 g Ricotta
60 g Hartweizengrieß
2 Eier
Salz und Pfeffer
1 großer Bund Basilikum
etwas Grieß zum Formen

TOMATENSAUCE

300 g Tomaten
1–2 Frühlingszwiebeln*
2 Knoblauchzehen*
Öl zum Anbraten
Salz und Pfeffer
1 Prise Zucker

* Frühlingszwiebel bei Unverträglichkeit weglassen bzw. statt frischem Knoblauch Knoblauchpulver verwenden.

ZUBEREITUNG (CA. 45 MIN. OHNE WARTE- UND GARZEIT)

Für die Klöße die Kartoffeln weich kochen, etwas ausdampfen lassen und durch die Kartoffelpresse drücken.

Ricotta durch ein Sieb streichen und mit Grieß und Eiern zu den Kartoffeln geben, die Masse salzen, pfeffern und gut verkneten.

Basilikumblätter in breite Streifen schneiden und unter die Kartoffelmasse kneten, anschließend 10 Minuten rasten lassen.

Für die Sauce die Tomaten mithilfe von kochend heißem Wasser enthäuten und anschließend in Stücke schneiden.

Die gewaschenen, in feine Ringe geschnittenen Frühlingszwiebeln und den fein gehackten Knoblauch in Öl glasig anlaufen lassen, die Tomaten dazugeben, eventuell einen Schuss Wasser beifügen, ca. 15 Minuten kochen.

Grieß auf die Arbeitsfläche streuen, die Kartoffelmasse halbieren, zwei Rollen formen, diese in Stücke teilen und Klöße daraus formen.

Die Klöße in Salzwasser 12–15 Minuten ziehen lassen (nicht kochen!).

Die Sauce mit Salz, Pfeffer und Zucker abschmecken, danach die Sauce nach Wunsch pürieren, anschließend mit den Klöße und ein paar Basilikumblättern garniert servieren.

Linsenpuffer

GUT GEEIGNET BEI
Appetitlosigkeit • Übelkeit • Verstopfung

285 kcal je Portion • für Diabetiker geeignet ballaststoffreich

ZUTATEN FÜR 4 PORTIONEN
200 g rote Linsen
1 mittelgroße gekochte Kartoffel
1 Ei
ca. 70 g Grieß oder Mehl
1 TL Ingwer (frisch gerieben)
Kurkumapulver
Salz und Pfeffer

Öl zum Braten

TIPP
Dazu passt beliebiger Salat und ein Joghurt-Kräuter-Dip.

ZUBEREITUNG (30 MIN. OHNE GAR- UND WARTEZEIT)
Die Linsen in einem Sieb unter fließendem Wasser abspülen, dann in einem Topf in reichlich Wasser ca. 20 Minuten weich kochen (sie können ruhig sehr weich und fast zerkocht sein).

Linsen abseihen, in eine Schüssel geben, Kartoffel schälen, reiben und zu den Linsen geben, Ei und Grieß oder Mehl hinzufügen und alles gut vermischen.

Die Masse mit geriebenem Ingwer, Kurkumapulver, Salz und Pfeffer würzen, ca. 20 Minuten ziehen lassen.

Die Masse falls nötig mit noch etwas Grieß oder Mehl binden und flache Scheiben formen.

Die Puffer in erhitztem Öl langsam auf beiden Seiten jeweils ca. 5–7 Minuten braten, danach mit Küchenpapier abtupfen und servieren.

PATIENTINNEN-TIPP
Puffer und Laibchen habe ich immer schon in vielen Variationen zubereitet – statt der Linsen kann man auch gekochte Buchweizenkörner oder Hirse verwenden. Manchmal habe ich auch kurz angebratene Pilze dazugegeben. Wenn ich nicht nur für mich allein gekocht habe, habe ich die Hälfte der Masse wie oben beschrieben für mich zubereitet, die andere Hälfte der Linsenmasse habe ich mit ca. 250 g Hackfleisch, einer angerösteten Zwiebel und Majoran vermischt.

Rezept: Irmtraud Weishaupt-Orthofer

Karpfen-Gemüse-Risotto

GUT GEEIGNET BEI
Appetitlosigkeit • Mundschleimhautentzündung • Blähungen • Übelkeit • Durchfall

457 kcal je Portion • für Diabetiker geeignet

ZUTATEN FÜR 4 PORTIONEN
400 g Karpfenfilet, küchenfertig vorbereitet
Salz und Pfeffer
600 g Gemüsesuppe (siehe Grundrezept S. 29)
3 EL Olivenöl
150 g Risottoreis
2 Lorbeerblätter
1–2 Esslöffel weißer Balsamico-Essig
400 g gemischtes Gemüse, in Würfel geschnitten (z. B. Karotte, Kürbis, Schwarzwurzel, Sellerie ...)
1 EL Butter
50 g Hartkäse, gerieben

1 EL Petersilie, grob geschnitten

TIPP
Karpfen ist zwar ein fetter Fisch, hat aber nicht mehr Kalorien als fettarmes Fleisch.

ZUBEREITUNG (CA. 50 MIN.)
Das Karpfenfilet in 1 cm kleine Würfel schneiden, mit Salz und Pfeffer würzen, Gemüsesuppe in einem Kochtopf erhitzen.

In einer Kasserolle 2 EL Olivenöl erhitzen, Reis zugeben und glasig werden lassen, Lorbeerblätter und geschälte Knoblauchzehe zugeben, mit 100 ml Wasser und Balsamico-Essig ablöschen und vollständig einkochen lassen.

So viel von der heißen Gemüsesuppe zugießen, dass der Reis knapp bedeckt ist, offen bei schwacher Hitze unter häufigem Umrühren garen.

Sobald der Reis die Flüssigkeit aufgesogen hat, immer wieder etwas Suppe zugießen, nach ca. 5 Minuten das kleinwürfelig geschnittene Gemüse zugeben, untermengen und ca. weitere 15 Minuten garen und umrühren.

Lorbeerblätter und Knoblauchzehe entfernen, Butter und Hartkäse einrühren, mit Salz und Pfeffer würzen und abschmecken.

In einer Pfanne das restliche Olivenöl erhitzen, Karpfenwürfel rasch anbraten und zur Seite stellen.

Gemüserisotto auf vorgewärmten Tellern anrichten, die Karpfenwürfel darauf verteilen und mit Petersilie bestreut servieren.

Lachsforelle auf Ofengemüse

GUT GEEIGNET BEI
Appetitlosigkeit • Blähungen • Mundtrockenheit • Verstopfung

666 kcal je Portion • für Diabetiker geeignet • reich an Omega-3-Fettsäuren
ballaststoffreich

ZUTATEN FÜR 4 PORTIONEN

OFENGEMÜSE
1 kg Tomaten
1 Knoblauchknolle
2 Fenchelknollen
4 EL Rapsöl
einige Basilikum-, Thymian- und Estragonstiele
Salz und Pfeffer

LACHSFORELLE
ca. 800 g Lachsforellenfilet
Salz und Pfeffer
1 EL Rapsöl
1 Zitrone (unbehandelt), in Scheiben geschnitten

ZUBEREITUNG (CA. 30 MIN. OHNE GARZEIT)

Die Tomaten waschen, vom Stielansatz befreien und je nach Größe halbieren oder vierteln.

Tomaten und halbierte Knoblauchknolle in einen Bräter geben, 2 EL Rapsöl zugeben. Fenchel waschen, das Grün abschneiden und beiseite legen, die Knollen in Spalten schneiden.

In einer Pfanne 2 EL Rapsöl erwärmen, Fenchelspalten dazugeben und rundum kurz anbraten. Angebratenen Fenchel auf den Tomaten im Bräter verteilen, Kräuter zugeben und mit Salz und Pfeffer würzen.

Den Bräter auf einem Rost auf der untersten Schiene in den vorgeheizten Backofen schieben und das Gemüse bei 180 °C Umluft ca. 20 Minuten schmoren, die Knoblauchknollenhälften entfernen.

Das Lachsforellenfilet mit Salz und Pfeffer würzen, Rapsöl in einer geeigneten Pfanne erwärmen. Den Fisch mit der Hautseite nach unten einlegen und einige Minuten braten, Zitronenscheiben dazugeben, anbraten und einige Male wenden.

Den Bräter aus dem Ofen nehmen, Fisch mit der Hautseite nach oben auf die Tomaten legen, und mit Zitronenscheiben belegen.

Den Bräter weitere 8-10 Minuten in den Ofen stellen, danach herausnehmen und die Lachsforelle auf Ofengemüse mit Fenchelgrün garniert servieren.

Nudeln mit Fisch-Bolognese

GUT GEEIGNET BEI
Appetitlosigkeit • Übelkeit • Verstopfung

834 kcal je Portion • für Diabetiker geeignet
reich an Omega-3-Fettsäuren • ballaststoffreich

ZUTATEN FÜR 4 PORTIONEN

100 g Staudensellerie
150 g Jungzwiebeln*
2 Knoblauchzehen
300 g Rispentomaten
4 EL Olivenöl
150 ml Gemüsesuppe (siehe Grundrezept S. 29)
Salz und Pfeffer
2 Lorbeerblätter
1 Zweig Rosmarin
400 g Fischfilets ohne Haut und Gräten (Zander, Forelle oder Hecht)

400 g beliebige Teigwaren
2 EL Basilikumöl

* Bei Unverträglichkeit Jungzwiebeln einfach weglassen.

ZUBEREITUNG (CA. 20 MIN. OHNE GARZEIT)

Sellerie und Jungzwiebeln putzen, waschen und klein schneiden, Knoblauchzehen schälen (aber ganz lassen), Tomaten waschen und vierteln.

Olivenöl in einer Kasserolle erwärmen, Gemüse zugeben und einige Minuten anrösten, ganze Knoblauchzehen hinzufügen und mit Gemüsesuppe ablöschen, mit Salz, Pfeffer, Lorbeerblättern und Rosmarin würzen.

Zugedeckt ca. 20 Minuten leicht köcheln lassen, und öfters umrühren, danach Knoblauchzehen und Lorbeerblätter wieder entfernen.

Die Fischfilets in kleine Würfel schneiden und die letzten 10 Minuten mitköcheln lassen, abschmecken und die Sauce beiseitestellen.

Die Teigwaren in reichlich Salzwasser bissfest kochen, abseihen und abtropfen lassen, in Basilikumöl schwenken, danach in tiefen Tellern mit der Fischsauce anrichten.

Zanderfilet mit Sesamspinat

GUT GEEIGNET BEI
Appetitlosigkeit • Blähungen • Mundschleimhautentzündung
Übelkeit • Verstopfung

363 kcal je Portion • für Diabetiker geeignet
reich an Omega-3-Fettsäuren • ballaststoffreich

ZUTATEN FÜR 4 PORTIONEN

1 kg frischer Spinat
(ev. auch gemischt mit Brennnesselblättern)
4 Zanderfilets à 160 g
Salz und Pfeffer
Rapsöl zum Braten
2 EL Sesamöl
4 EL Sesamsamen

ZUBEREITUNG (CA. 25 MIN. OHNE GARZEIT)

Spinat putzen, waschen und in reichlich Salzwasser 1–2 Minuten blanchieren, abseihen und kalt abschrecken, gut abtropfen lassen.

Die Zanderfilets mit Salz und Pfeffer auf beiden Seiten würzen, auf der Hautseite anbraten und danach im vorgeheizten Backofen bei 160 °C ca. 5-8 Minuten fertig garen.

In der Zwischenzeit in einer beschichteten Pfanne das Sesamöl erhitzen und die Sesamsamen darin leicht anrösten, blanchierten Spinat auflockern und dazugeben, in der Pfanne schwenken, abschmecken.

Spinat und Zanderfilets auf vorgewärmten Tellern anrichten und sofort servieren.

Gebratenes Forellenfilet auf Gemüseragout

GUT GEEIGNET BEI
Appetitlosigkeit • Mundtrockenheit • Verstopfung

344 kcal je Portion • für Diabetiker geeignet • reich an Omega-3-Fettsäuren
ballaststoffreich

ZUTATEN FÜR 4 PORTIONEN
500 g breite grüne Bohnen*
500 g Tomaten
1 Zwiebel**
1 Knoblauchzehe**
2 EL Olivenöl
500 ml Gemüsesuppe
1 EL Bohnenkraut
Salz und Pfeffer
4 Forellenfilets a 140 g
Öl zum Braten

*Grüne Bohnen sind schwer verdaulich. Wer zu Blähungen neigt, kann die breiten grünen Bohnen durch Zucchini ersetzen.

** Bei Unverträglichkeit von Zwiebeln diese einfach weglassen und Knoblauch durch Knoblauchpulver ersetzen.

ZUBEREITUNG (CA. 30 MIN. OHNE GARZEIT)
Die grünen Bohnen waschen, putzen und in mundgerechte Stücke schneiden.

Tomaten kurz in kochendes Wasser geben, in Eiswasser abschrecken und die Schale abziehen, anschließend das Fruchtfleisch in Würfel schneiden.

Zwiebel in Ringe schneiden und den Knoblauch fein hacken, Zwiebelringe im Olivenöl glasig dünsten.

Danach Tomatenwürfel, grüne Bohnen und Knoblauch dazugeben, kurz durchschwenken.

Mit Suppe aufgießen, aufkochen und bei mittlerer Hitze ca. 25 Minuten köcheln lassen, Bohnenkraut unterrühren und mit Salz und Pfeffer würzen.

Die Forellenfilets mit Salz und Pfeffer würzen, mit der Hautseite nach unten in heißes Öl einlegen und rasch anbraten, danach einen Deckel auf die Pfanne geben und die Filets ca. 5 Minuten bei mittlerer Hitze fertig garen.

Forellenfilets auf dem Grüne-Bohnen-Tomaten-Ragout anrichten.

Fischfilets mit Gemüse im Backpapier

GUT GEEIGNET BEI
Appetitlosigkeit • Blähungen • Mundtrockenheit • Verstopfung

550 kcal je Portion • für Diabetiker geeignet • besonders reich an Omega-3-Fettsäuren ballaststoffreich

ZUTATEN FÜR 4 PORTIONEN

ca. 300 g Auberginen
ca. 300 g grüne Zucchini
4 Tomaten
1 Knoblauchzehe*
je 5 schwarze und grüne Oliven
1 Zweig Rosmarin
4 EL Olivenöl
Salz und Pfeffer
4 Goldmakrelenfilets (oder andere Fischfilets, z. B. Forelle, Zander usw.) à ca. 150 g
4 Bögen Backpapier

*bei Unverträglichkeit einfach weglassen oder Knoblauchpulver verwenden

TIPP

Diese Zubereitungsart eignet sich auch für Hühner- bzw. Hackfleisch, Pilz- und Gemüsegerichte aller Art.

ZUBEREITUNG (CA. 20 MIN. OHNE GARZEIT)

Auberginen und Zucchini waschen, putzen und in 1 cm große Stücke schneiden, Tomaten vom Strunk entfernen und grobwürfelig schneiden.

Knoblauch schälen und in dünne Scheibchen schneiden, Oliven entsteinen und grob schneiden, Rosmarinnadeln fein hacken.

Die vorbereiteten Gemüsezutaten in einer Pfanne kurz anbraten, mit Salz und Pfeffer würzen.

Die Fischfilets mit Salz und Pfeffer würzen, das Röstgemüse auf 4 Bögen Backpapier der Länge nach in der Mitte platzieren.

Jeweils ein Fischfilet darauflegen und das Papier der Länge nach zusammenfalten, die Enden beidseits mit Küchengarn zusammenbinden.

Die Päckchen auf ein Backblech setzen und im vorgeheizten Backofen bei 200 °C Umluft auf mittlerer Schiene ca. 15 Minuten garen, aus dem Ofen nehmen, auf Tellern anrichten und erst bei Tisch mit einer Schere öffnen.

PATIENTINNEN-TIPP

Ich habe während meiner Therapie angefangen, viel öfter Fisch zu essen. Erstens ist Fisch gesund und besser verträglich als Fleisch, zweitens ist Fisch meistens schnell fertig. Und wenn man ihn im Backpapier zubereitet, geht das ganz einfach und mit wenig Aufwand – auch wenn man beim Kochen ungeübt ist!

Hechtfilet mit legiertem Gemüsegrieß

GUT GEEIGNET BEI
Appetitlosigkeit • Blähungen • Mundschleimhautentzündung • Übelkeit • Durchfall

447 kcal je Portion • für Diabetiker geeignet • ballaststoffreich
reich an Omega-3-Fettsäuren

ZUTATEN FÜR 4 PORTIONEN

4 Hechtfilets oder andere Fischfilets (ohne Haut, entgrätet) à ca. 150 g
Salz und Pfeffer
etwas Weizenmehl
2 EL Rapsöl
2 EL Butter
1 EL Kapern

GEMÜSEGRIESS

1 Jungzwiebel*
2 Karotten
1 Gelbe Rübe
1 Stange Staudensellerie
1 Fenchelknolle (ca. 100 g)
2 EL Rapsöl
50 g Grieß
500 ml Gemüsesuppe (siehe Grundrezept S. 29) oder Wasser
Salz und Pfeffer
100 ml laktosefreie Sahne

* Bei Unverträglichkeit die Jungzwiebel weglassen.

ZUBEREITUNG (CA. 30 MIN. OHNE GARZEIT)

Die Hechtfilets waschen, trocken tupfen und mit Salz und Pfeffer würzen.

Für den Grieß das Gemüse waschen, putzen, schälen und in gleichmäßig kleine Stücke schneiden.

Rapsöl in einer Kasserolle erhitzen, Gemüse und Grieß zugeben und kurz rösten.

Mit Suppe oder Wasser aufgießen, zum Kochen bringen, mit Salz und Pfeffer würzen.

5 Minuten köcheln lassen und dann von der Herdplatte ziehen, Sahne in den Gemüsegrieß einrühren und abschmecken.

Die Hechtfilets auf beiden Seiten in Mehl wenden und im erhitzten Öl bei mittlerer Hitze beidseitig braten (insg. ca. 15 Minuten).

Zum Schluss die Hitze reduzieren, die Butter mit den Kapern zugeben, schwenken und die Filets mit der Kapernbutter übergießen, mit dem Gemüsegrieß anrichten.

Fischfilet auf Ingwer-Honig-Kürbis

GUT GEEIGNET BEI
Appetitlosigkeit • Blähungen • Mundtrockenheit • Übelkeit • Durchfall

414 kcal je Portion • für Diabetiker geeignet • reich an Omega-3-Fettsäuren
ballaststoffreich

ZUTATEN FÜR 4 PORTIONEN
4 Fischfilets à 180 g
(z. B. Bachsaibling, Forelle, Zander etc.)
Salz und Pfeffer
etwas Zitronensaft
600 g Kürbisfleisch, geschält
(Butternuss oder Muskatkürbis)
4 Knoblauchzehen, geschält*
100 g Ingwer, geschält
3 EL Rapsöl
2 EL Honig
grobes Meersalz

* Bei Unverträglichkeit den frischen Knoblauch weglassen oder durch Knoblauchpulver ersetzen.

ZUBEREITUNG (CA. 35 MIN. OHNE GARZEIT)
Fischfilets waschen und trocken tupfen, mit Salz, Pfeffer und Zitronensaft würzen.

Das Kürbisfleisch in 1/2 cm breite Scheiben schneiden, Knoblauch und Ingwer in dünne Blättchen schneiden.

2 EL Öl in einer Pfanne erhitzen, Kürbisstücke darin langsam anbraten, wenden, mit Knoblauch und Ingwer bestreuen und fertig braten.

Den Honig über die Kürbisstücke verteilen und anschließend warm stellen.

Das restliche Öl in einer Pfanne erhitzen, Fischfilets mit der Hautseite nach unten einlegen und je nach Filetgröße bei mittlerer Temperatur ca. 8 Minuten braten (das Fischfilet sollte innen leicht glasig sein).

Fisch auf vorgewärmten Tellern anrichten, mit Bratensaft beträufeln, die Kürbisstücke mit Meersalz bestreuen und mit dem Fisch servieren.

TIPP
Geschälte Ingwerwurzeln kann man auch gut einfrieren, die gefrorenen Wurzeln lassen sich besonders fein reiben.

Fischfilet auf Kartoffelpüree

GUT GEEIGNET BEI

Appetitlosigkeit • Blähungen • Durchfall (ohne Gewürztomaten)

562 kcal je Portion • für Diabetiker geeignet
ballaststoffreich

ZUTATEN FÜR 4 PORTIONEN

FISCH

4 Fischfilets (z. B. Zander)
à 150–180 g
Salz und Pfeffer
etwas Zitronensaft
etwas Mehl
Rapsöl zum Braten
1 Thymianzweig

PÜREE

500 g mehlige Kartoffeln*
ca. 125 ml laktosefreie Milch
(wahlweise 100 ml ungesüßte
Reisdrink)
ca. 60 g Butter
Salz
Muskatnuss, gerieben

KRÄUTERTOMATEN

12 Rispentomaten
1 EL Olivenöl
Thymian, Rosmarin, Basilikum
1 Knoblauchzehe,
zum Aromatisieren
Salz und Pfeffer

ZUBEREITUNG (CA. 35 MIN. OHNE GARZEIT)

Die Fischfilets mit Salz und Pfeffer würzen und mit einigen Tropen Zitronensaft säuern.

Für das Püree die Kartoffeln schälen, kochen, abseihen und anschließend durch die Kartoffelpresse drücken.

Die erwärmte Milch und die Butter nach und nach zum Püree hinzufügen und glatt rühren (je nach gewünschter Konsistenz mehr oder weniger Milch dazugeben), mit Salz und Muskatnuss würzen.

Die Tomaten waschen, halbieren und den Strunk entfernen.

Im erhitzten Olivenöl Tomaten, fein gehackte Kräuter und die ganze Knoblauchzehe kurz anbraten, mit Salz und Pfeffer würzen, Knoblauchzehe wieder entfernen.

Die Hautseite der Fischfilets mehlieren, in einer beschichteten Pfanne in erhitztem Rapsöl knusprig braten, Thymianzweig dazugeben.

Die Fischfilets mit den Beilagen auf vorgewärmten Tellern anrichten.

* Die Kartoffeln können zur Hälfte oder zur Gänze durch Sellerie, Karotten oder Süßkartoffeln ersetzt werden.

FLEISCHGERICHTE

Curryhuhn

GUT GEEIGNET BEI

Appetitlosigkeit • Mundtrockenheit • Schluckbeschwerden • Übelkeit • Verstopfung

303 kcal je Portion • für Diabetiker geeignet • ballaststoffreich

ZUTATEN FÜR 4 PORTIONEN

400 g Hühnerfilet
250 g Karotten
4 Ananasscheiben
50 g Mandelstifte
Rapsöl
Salz
2 Knoblauchzehen*
1 TL Ingwerpulver
2 TL Currypulver
oder nur Kurkuma
1 Jungzwiebel *
125 ml Rindsuppe
1 gestr. EL Kartoffelstärke

* Bei Unverträglichkeit Jungzwiebel weglassen bzw. Knoblauch durch Knoblauchpulver ersetzen.

TIPP

Fleisch ist durchaus erlaubt, sollte aber in Maßen genossen werden. Sie können daher bei den Fleischgerichten durchaus die Fleischmenge reduzieren und dafür mehr Gemüse oder andere Beilagen zubereiten.

ZUBEREITUNG (CA. 35 MIN.)

Hühnerfleisch in kleine Stücke schneiden, Karotten schälen und in dünne Streifen schneiden, Ananasscheiben zerkleinern.

Mandelstifte in wenig Öl hell anrösten, bis sie gut riechen.

Im Wok oder in einer großen Pfanne 2 EL Öl erhitzen, Fleisch darin in zwei Arbeitsgängen unter Rühren anbraten, leicht salzen, herausheben und beiseitestellen.

Anschließend im Wok oder in der Pfanne wiederum 1 EL Öl erhitzen, fein gehackten Knoblauch (bzw. Knoblauchpulver), Ingwer- und Currypulver unter ständigem Rühren kurz anrösten.

Karotten und fein gehackte Jungzwiebel zugeben, salzen und 1 Minute braten.

Ananasstücke und das angebratene Hühnerfleisch zugeben, mit Suppe aufgießen, zudecken und ca. 3 Minuten köcheln lassen.

Kartoffel- oder Maisstärke mit 3 EL Wasser verrühren, untermengen und aufkochen lassen.

Zum Schluss angeröstete Mandelstifte hinzufügen.

Rezept: Kochen & Küche/Stefan Lechner

Hühnerfilet in Balsamico-Sauce mit Grillgemüse

GUT GEEIGNET BEI
Appetitlosigkeit • Übelkeit • Verstopfung

482 kcal je Portion • für Diabetiker geeignet • ballaststoffreich

ZUTATEN FÜR 4 PORTIONEN

HÜHNERFILETS
600 g Hühnerfilets
Salz und Pfeffer
1 Zweig Rosmarin
2–3 Salbeiblätter

GRILLGEMÜSE
200 g Zucchini
1 gelbe oder rote Paprikaschote*
200 g Karotten
4 Jungzwiebeln *
3 EL Olivenöl
Salz und Pfeffer

BALSAMICO-SAUCE
100 ml Balsamico-Essig
1 EL Zucker
200 ml laktosefreie Sahne (wahlweise 100 ml Reisdrink ungesüßt)

* Wer Paprikaschoten und Zwiebeln nicht gut verträgt, lässt sie einfach weg oder ersetzt sie z. B. durch Fenchel und Tomaten.

ZUBEREITUNG (CA. 40 MIN. OHNE GARZEIT)

Zucchini und Paprikaschote waschen, Karotten schälen, Gemüse in Streifen schneiden, Jungzwiebeln gründlich waschen und längs halbieren.

Das gesamte Gemüse in einer Auflaufform verteilen und würzen, mit wenig Olivenöl beträufeln und ca. 15 Minuten bei 220 °C im Backofen grillen (gleichzeitig können auch mit Rosmarin bestreute Kartoffelscheiben als Beilage mitgegrillt werden).

Die Hühnerfilets salzen und pfeffern, im restlichen erhitzten Öl auf beiden Seiten braten, bis sie schön gebräunt sind.

Rosmarinzweig und Salbeiblätter dazugeben und kurz mitbraten, die Hühnerfilets anschließend zugedeckt warm halten.

Für die Sauce den Balsamico-Essig mit dem Zucker in einem kleinen Topf erhitzen und einkochen lassen, bis eine sirupartige Sauce entsteht.

Die Sahne bzw. die Reismilch zur Balsamico-Reduktion in die Pfanne geben und ca. 10 Minuten bei schwacher Hitze köcheln lassen.

Die Hühnerfilets in die Sauce legen und darin ca. 10 Minuten ziehen lassen, danach mit dem Gemüse und der Sauce servieren.

Rezept: Kochen & Küche/Johanna Ung

Wiener Kartoffeleintopf mit Rindfleisch

GUT GEEIGNET BEI
Appetitlosigkeit • Blähungen • Mundschleimhautentzündung • Mundtrockenheit
Schluckbeschwerden • Übelkeit • Durchfall

340 kcal je Portion • für Diabetiker geeignet • ballaststoffreich

ZUTATEN FÜR 4 PORTIONEN

2 Karotten
1 Gelbe Rübe
1 Petersilienwurzel
600 g Kartoffeln, festkochend
1 Stangensellerie
2 EL Rapsöl
750 ml Rindsuppe
(siehe Grundrezept S. 29)
1/2 TL Kümmel, ganz
4 Wacholderbeeren,
fein geschnitten
2 Lorbeerblätter
Salz und Pfeffer
Muskatnuss, gerieben
200 g gekochtes Rindfleisch
1 Bund Schnittlauch,
in feine Röllchen geschnitten

ZUBEREITUNG (CA. 25 MIN. OHNE GARZEIT)

Karotten, Gelbe Rübe, Petersilienwurzel sowie Kartoffeln schälen und kleinwürfelig schneiden.

Stangensellerie waschen, putzen und schräg in 1 cm große Stücke schneiden.

Öl in einem Topf erhitzen, das vorbereitete Gemüse zugeben und kurz anrösten, die Kartoffeln beigeben und mit der Rindsuppe aufgießen.

Kümmel, Wacholderbeeren und Lorbeerblätter zugeben, mit Salz, Pfeffer und Muskatnuss würzen.

Den Eintopf auf kleiner Flamme ca. 20 Minuten leicht köcheln lassen (das Gemüse darf nicht zu weich werden).

Das gekochte Rindfleisch in Würfel schneiden, zum Eintopf geben und ca. 10 Minuten ziehen lassen, abschmecken, Suppe in eine geeignete Terrine oder in Teller füllen, mit Schnittlauch bestreut servieren.

TIPP

Dieses Gericht ist eine optimale Resteverwertung für übrig gebliebenes gekochtes Rindfleisch.

Süß-saures Putenfleisch mit Muskatkürbis und Papaya

GUT GEEIGNET BEI

Appetitlosigkeit • Blähungen • Mundtrockenheit
Schluckbeschwerden • Übelkeit

300 kcal je Portion • für Diabetiker geeignet • ballaststoffreich

ZUTATEN FÜR 4 PORTIONEN

400 g Putenbrust
400 g Muskatkürbis, geschält und entkernt
2 Karotten
4 EL Rapsöl
Salz
25 g Ingwer, fein gerieben
150 ml Orangensaft
1 EL Essig
100 g Papaya*
1 TL Maisstärke
2 EL Tomatenmark
1 EL Honig

* Die Papaya kann weggelassen oder durch andere Früchte oder Gemüsesorten ersetzt werden.

ZUBEREITUNG (CA. 35 MIN. OHNE GARZEIT)

Putenfleisch in Streifen schneiden, Kürbis grob würfelig schneiden, Karotten schälen und in Scheiben schneiden.

Das Rapsöl in einer geeigneten Pfanne erhitzen, Fleisch zugeben, leicht salzen und kurz anbraten.

Kürbiswürfel, Karottenscheiben und Ingwer zugeben, kurz mitbraten, mit Orangensaft und Essig ablöschen und ca. 20 Minuten leicht köcheln lassen.

Die Papaya schälen, entkernen und kleinwürfelig schneiden, kurz vor Garende zu den übrigen Zutaten hinzufügen.

Die Maisstärke mit dem Tomatenmark vermischen und damit die Sauce binden, mit Honig und Salz abschmecken und anrichten.

Kürbis-Hühnerfleisch-Eintopf mit Curry

GUT GEEIGNET BEI

Appetitlosigkeit • Mundtrockenheit • Schluckbeschwerden • Übelkeit • Verstopfung

367 kcal je Portion • für Diabetiker geeignet • ballaststoffreich

ZUTATEN FÜR 4–6 PORTIONEN

750 g Kürbis, entkernt
und geschält
2 Zwiebeln*
je 1 rote und gelbe Paprikaschote
400 g Hühnerbrust ohne Haut
und Knochen
2 EL Rapsöl
Salz und Pfeffer
1 EL Ingwer, gerieben
2 TL Currypulver
400 ml Kokosmilch
eventuell etwas Gemüsesuppe
(siehe Grundrezept S. 29)
zum Aufgießen

* Bei Unverträglichkeit Zwiebeln weglassen.

ZUBEREITUNG (CA. 30 MIN. OHNE GARZEIT)

Kürbisfleisch in Würfel schneiden, Zwiebeln schälen und zerkleinern, Paprikaschoten entkernen und klein würfelig schneiden.

Die Hühnerbrust in mundgerechte Stücke schneiden, in 1 EL Rapsöl anbraten und mit Salz und Pfeffer würzen, danach aus der Pfanne nehmen und warm stellen.

Das restliche Rapsöl in der bereits verwendeten Pfanne erhitzen und darin das Gemüse und die Zwiebeln anrösten.

Ingwer, Currypulver und das Hühnerfleisch zugeben und mit der Kokosmilch aufgießen, verrühren und 25 Minuten leicht köcheln lassen.

Danach den Eintopf abschmecken und in Schüsseln oder tiefen Tellern anrichten.

TIPP

Wer Paprikaschoten nicht so gut verträgt, ersetzt diese durch „buntes“, klein geschnittenes Gemüse wie z. B. Karotten, Gelbe Rüben, Rote Bete, Chicorée.

Als Beilage eignen sich Reis, Nudeln oder Couscous gut.

Rote-Bete-Eintopf

GUT GEEIGNET BEI
Blähungen • Mundschleimhautentzündung • Mundtrockenheit
Schluckbeschwerden • Übelkeit

445 kcal je Portion • für Diabetiker geeignet • ballaststoffreich

ZUTATEN FÜR 4–6 PORTIONEN

1 kg Rote Bete
3 Lorbeerblätter
250 g Gulaschfleisch vom Rind oder Schwein
1 Zwiebel*
2 Knoblauchzehen*
2 EL Öl
250 ml Rindsuppe
(siehe Grundrezept S. 29)
Salz und Pfeffer
125 g laktosefreie saure Sahne
Koriander, Piment und Kümmel, gemahlen
1 Spritzer Rotweinessig

4–6 Portionen Salzkartoffel

* Bei Unverträglichkeit Zwiebel einfach weglassen und statt frischem Knoblauch Knoblauchpulver verwenden.

ZUBEREITUNG (CA. 30 MIN. OHNE GARZEIT)

Die gewaschenen, ungeschälten Rote-Bete-Knollen mit Lorbeerblättern ca. 45 Minuten weich kochen.

Fleisch in kleine Würfel schneiden, Zwiebel und Knoblauch schälen und klein schneiden.

Öl in einer Pfanne erhitzen, die Fleischstücke rasch anbraten, Zwiebel und Knoblauch dazugeben, mit der Rindsuppe aufgießen und ca. 40 Minuten köcheln lassen.

Rote Bete überkühlen lassen, danach schälen und grob raspeln (am besten mit Einweghandschuhen).

Die geraspelten Roten Bete zum Rindfleisch geben, mit Salz und Pfeffer würzen und ca. 10 Minuten leicht köcheln lassen, die saure Sahne mit einer Gabel gut verrühren, dann zum Eintopf hinzufügen.

Die Gewürze sowie den Essig zugeben, den Eintopf abschmecken und mit den Salzkartoffeln anrichten.

TIPP

Das Besondere an diesem Gericht sind die Roten Bete in Kombination mit gemahlenem Koriander. Dieses Gewürz mit seinem charakteristisch nussig-milden, warmen Geschmack wird seit der Antike als Heilmittel verwendet.

Gebratene Hühnerkeulen auf Polenta und Wurzelgemüse

GUT GEEIGNET BEI
Appetitlosigkeit • Blähungen • Mundschleimhautentzündung • Schluckbeschwerden
Übelkeit • Durchfall

598 kcal je Portion • für Diabetiker geeignet • laktosearm • ballaststoffreich

ZUTATEN FÜR 4 PORTIONEN
8 Hühnerkeulen mit Haut
Salz und Pfeffer
Rapsöl zum Braten

POLENTA (MAISGRIESS)
400 ml Gemüsesuppe
(siehe Grundrezept S. 29)
1 EL Butter
Salz
Muskatnuss, fein gerieben
200 g Maisgrieß

GEMÜSE
400 g Wurzelgemüse
(Karotten, Gelbe Rüben, Sellerie)
1 EL Rapsöl
Salz und Pfeffer

Petersilie zum Ganieren

ZUBEREITUNG (CA. 25 MIN. OHNE GARZEIT)
Die Hühnerkeulen waschen, trocken tupfen und mit Salz und Pfeffer würzen.

Öl in einer Pfanne erhitzen, Keulen einlegen, rundum anbraten und danach im vorgeheizten Backofen bei 160 °C ca. 20 Minuten fertig braten.

Für die Polenta die Gemüsesuppe mit Butter zum Kochen bringen, mit Salz und Muskatnuss würzen. Den Maisgrieß einrieseln lassen und unter ständigem Rühren einige Minuten kochen, dann von der Herdplatte nehmen und zugedeckt warm stellen.

Das Wurzelgemüse waschen, schälen und klein schneiden. Rapsöl in einer Pfanne erhitzen, das Gemüse darin bissfest dünsten, würzen und abschmecken, zum Schluss einige abgezupfte Petersilienblätter untermischen.

Die Hühnerkeulen aus dem Ofen nehmen und mit der Polenta und dem Wurzelgemüse auf vorgewärmten Tellern anrichten.

PATIENTINNEN-TIPP
Wenn ich nicht nur für mich allein, sondern auch für meine Familie gekocht habe, habe ich Gerichte gemacht, die die anderen auch gerne mögen und die ich auch essen konnte. Ich habe mich beim Fleisch zurückgehalten und mehr von den Beilagen gegessen.

ZWISCHENMAHLZEITEN, KALTE GERICHTE, SALATE & AUFSTRICHE

Avocado-Toast

GUT GEEIGNET BEI
Appetitlosigkeit

326 kcal je Portion • für Diabetiker geeignet • ballaststoffreich

ZUTATEN FÜR 4 PORTIONEN

8 Scheiben Toastbrot
weiche Butter zum Bestreichen
1 reife Avocado
etwas Zitronensaft
Salz und Pfeffer
2 Tomaten
4 Scheiben Käse (z. B. Gouda oder Emmentaler, 45 % F. i. Tr.)

ZUBEREITUNG (20 MIN. OHNE GARZEIT)

Die Toastbrotscheiben auf beiden Seiten dünn mit Butter bestreichen.

Avocado schälen, längs halbieren und den Kern entfernen, das Fruchtfleisch in dünne Scheiben schneiden, mit Zitronensaft beträufeln und mit Salz und Pfeffer würzen.

Die Tomaten waschen und in dünne Scheiben schneiden.

Zuerst je eine Scheibe Käse auf vier mit Butter bestrichene Toastbrotscheiben legen, dann Avocadoscheiben und Tomaten darauf verteilen.

Mit jeweils einer zweiten Brotscheibe bedecken und im vorgeheizten Toaster ca. 7 Minuten toasten.

TIPP

Avocados werden auch als „Butter der Südsee“ bezeichnet. Sie enthalten wertvolle einfach ungesättigte Fettsäuren.

Salat mit grünen Bohnen, Avocado und Löffelkäse

GUT GEEIGNET BEI
Verstopfung

670 kcal je Portion • für Diabetiker geeignet • ballaststoffreich

ZUTATEN FÜR 4 PORTIONEN

400 g breite grüne Bohnen
2 Avocados
Saft von 1 Zitrone
1 Handvoll Gartenkresse
200 g Gouda
8 EL Olivenöl
3 Knoblauchzehen, fein geschnitten*
Salz und Pfeffer

300 g Löffelkäse (Hüttenkäse)

* Bei Unverträglichkeit den frischen Knoblauch durch Knoblauchpulver ersetzen.

ZUBEREITUNG (20 MIN. OHNE GAR- UND WARTEZEIT)

Die breiten grünen Bohnen waschen, putzen und in mundgerechte Stücke schneiden.

In Salzwasser bissfest kochen, abseihen und in Eiswasser abkühlen lassen, danach auf ein Küchentuch legen und abtrocknen.

Avocados halbieren, Kerne entfernen, das Fruchtfleisch aus den Schalen lösen und in kleine Stücke schneiden, mit Zitronensaft beträufeln.

Gartenkresse waschen und abtropfen lassen, Gouda in kleine Würfel schneiden.

Grüne Bohnen, Avocadostücke, Kresse und Käsewürfel in eine Schüssel geben und vermengen.

Aus den restlichen Zutaten eine Marinade zubereiten und diese über dem Salat verteilen, eine Stunde ziehen lassen, nochmals durchmischen.

Den Löffelkäse erst zum Schluss auf dem Salat verteilen.

Bunter Salat mit Sonnenblumenkernen und Pistazien

GUT GEEIGNET BEI
Appetitlosigkeit • Verstopfung

324 kcal je Portion • für Diabetiker geeignet • reich an Omega-3-Fettsäuren
ballaststoffreich

ZUTATEN FÜR 4 PORTIONEN

1/2 Kopf Rotkohl
1 grüner Zucchino
1 gelber Zucchino
Kräutersalz
Pfeffer aus der Mühle
Leinöl
Saft von 1–2 Zitronen
75 g Sonnenblumenkerne
75 g grüne, geschälte Pistazien

ZUBEREITUNG (CA. 25 MIN. OHNE WARTEZEIT)

Vom Rotkohl die äußeren Blätter und den Strunk entfernen und anschließend feinnudelig schneiden.

Die Zucchini waschen und kleinwürfelig schneiden, mit dem Rotkohl vermengen und mit Kräutersalz, Pfeffer, Leinöl und etwas Zitronensaft marinieren, 20–30 Minuten ziehen lassen.

Die Sonnenblumenkerne und Pistazien in einer Pfanne trocken rösten, bis sie duften.

Die Kerne über den Salat streuen und den Salat als Vorspeise oder Beilage servieren.

DRESSING-VARIANTE

Einen Becher laktosefreies Joghurt mit Salz und Kräutern vermengen, dann ist der Salat allerdings nicht mehr vegan.

Rezept: Kochen & Küche/Ulrike Zika

Quinoasalat mit getrockneten Tomaten, Schafkäse und Sprossen

GUT GEEIGNET BEI

Appetitlosigkeit • Verstopfung

406 kcal je Portion • für Diabetiker geeignet • laktosearm
reich an Omega-3-Fettsäuren • ballaststoffreich

ZUTATEN FÜR 2 PORTIONEN

150 g Quinoa
100 g Schafkäse
100 g getrocknete Tomaten
Saft und abgeriebenen Schale von 1/2 Bio-Zitrone (unbehandelt)
hochwertiges Leinöl
Salz und Pfeffer
1 Handvoll gemischte Sprossen (z. B. Kresse, Sojasprossen, Radieschensprossen, Alfalfa etc.)

ZUBEREITUNG (CA. 35 MIN.)

Quinoa in einem Sieb gründlich mit heißem Wasser abspülen und in ca. der dreifachen Menge Wasser 25 Minuten weich kochen.

Schafkäse in kleine Würfel schneiden, getrocknete Tomaten in mundgerechte Stücke schneiden.

Die überkühlte Quinoa mit den Schafkäsestücken und den Tomaten vermengen.

Den Salat mit Zitronensaft und -schale, Leinöl, Salz und Pfeffer marinieren, mit frischen Sprossen bestreuen und servieren.

TIPP

Der Getreidesalat schmeckt warm, lauwarm oder kalt. Statt Quinoa kann man auch Dinkelreis oder Emmerreis verwenden, dann ist das Gericht allerdings nicht mehr glutenfrei.

Rezept: Kochen & Küche/Ulrike Zika

Fitness-Gemüseaufstrich

GUT GEEIGNET BEI
Appetitlosigkeit • Blähungen • Mundtrockenheit • Verstopfung

62 kcal je 100 g • für Diabetiker geeignet

ZUTATEN FÜR CA. 350 G AUFSTRICH

1 Karotte
1 kleiner säuerlicher Apfel
1 EL Meerrettich, gerieben
250 g laktosefreier Quark
2–3 EL laktosefreies Naturjoghurt (bei Bedarf)
Bio-Zitronensaft und -schale
Salz und Pfeffer

ZUBEREITUNG (10 MIN.)

Karotte und Apfel schälen, fein reiben, alle Zutaten gut vermischen und den Aufstrich mit frischem Schwarzbrot servieren.

Gurkenaufstrich

GUT GEEIGNET BEI
Appetitlosigkeit • Mundschleimhautentzündung • Mundtrockenheit

53 kcal je 100 g • für Diabetiker geeignet

ZUTATEN FÜR CA. 300 G AUFSTRICH

Salatgurke
etwas Knoblauchpulver
250 g laktosefreier Quark
4 EL laktosefreier Joghurt (bei Bedarf)
2 EL gehackte Dille
Salz

ZUBEREITUNG

Die Gurke waschen und eventuell schälen, danach grob raspeln.

Alle Zutaten gut vermengen. Den Aufstrich mit frischem Brot servieren.

Rezepte: Helene Brandstätter/Dagmar Leitner: Kochen mit Resten

Tomatensalat mit Basilikumdressing

GUT GEEIGNET BEI

Appetitlosigkeit • Mundtrockenheit • Verstopfung

137 kcal je Portion • für Diabetiker geeignet • ballaststoffreich

ZUTATEN FÜR 4 PORTIONEN

ca. 500 g Tomaten
(falls erhältlich verschiedene Tomatensorten)

DRESSING

1 Handvoll frische Basilikumblätter
1 Knoblauchzehe*
4 EL Olivenöl
2 EL weißer Balsamico-Essig
Salz und Pfeffer
Zucker
Basilikum zum Garnieren

* Bei Unverträglichkeit den frischen Knoblauch durch Knoblauchpulver ersetzen.

ZUBEREITUNG (CA. 15 MIN.)

Die Tomaten waschen und je nach Größe halbieren, Strunk entfernen, vierteln oder in Scheiben schneiden, vorsichtig durchmischen.

Für das Dressing alle Zutaten fein pürieren, sodass eine homogene Masse entsteht, abschmecken.

Das Dressing auf vier Tellern verteilen, die Tomaten im Zentrum anordnen, mit gehacktem Basilikum garnieren.

TIPP

Für den Salat kann grundsätzlich jede beliebige Tomatensorte verwendet werden.

Essig

Avocadosalat mit Roter Bete

GUT GEEIGNET BEI

Appetitlosigkeit • Blähungen • Mundtrockenheit • Schluckbeschwerden
Verstopfung

245 kcal je Portion • für Diabetiker geeignet • ballaststoffreich

ZUTATEN FÜR 4 PORTIONEN

400 g Rote Bete
1 TL Kümmel, ganz
1 TL Apfelessig
ca. 1 l Wasser
1 Orange
Saft von einer ½ Zitrone
2 Avocados

MARINADE

1 EL süßer Senf
1 EL scharfer Senf
2 EL Apfelessig
1 EL Rapsöl
1 TL Dillspitzen
1 EL Meerrettich, fein gerieben
Salz und Pfeffer

TIPP

Rote Bete kann man auch bereits gekocht kaufen. Mit etwas untergemischtem Schafkäse kann man den Salat zur Zwischenmahlzeit erweitern, dann ist das Gericht allerdings nicht mehr vegan.

ZUBEREITUNG (35 MIN. OHNE GAR- UND WARTEZEIT)

Rote Bete waschen, ca. 40 Minuten im mit Kümmel und Apfelessig gewürzten Wasser kochen.

Danach abseihen, mit kaltem Wasser abschrecken, überkühlen lassen, schälen (am besten mit Einweg-Handschuhen) und schließlich in 1 cm große Würfel schneiden.

Orange mit einem scharfen Messer schälen (auch die weiße Haut entfernen) und filetieren.

Den Saft in einer Schüssel auffangen und Zitronensaft dazugeben.

Avocados halbieren, Kerne entfernen und Fruchtfleisch aus der Schale lösen, in kleine Würfel schneiden und in die Schüssel zum Orangen- und Zitronensaft geben.

Für die Marinade alle Zutaten mit dem Schneebesen verrühren und würzen.

Rote Bete, Orangenfilets und Avocados mit der Marinade vermischen, abschmecken und zugedeckt 30 Minuten ziehen lassen, nach Belieben nachwürzen und in Schüsseln oder auf Tellern anrichten.

Einfaches Dinkelbrot

GUT GEEIGNET BEI
Appetitlosigkeit • Übelkeit • Durchfall

307 kcal je 100 g • für Diabetiker geeignet

ZUTATEN FÜR EINEN WECKEN BROT
1/2 Würfel Hefe (21 g)
330 ml lauwarmes Wasser
500 g helles Dinkelmehl
50 g Dinkelvollkornmehl
1 Prise Galgant
1 TL Fenchelsamen, fein gemörsert
1 TL Zucker
2 TL Salz
1 TL Öl für die Form

ACHTUNG
Frisch gebackenes Brot kann zu Blähungen führen.

ZUBEREITUNG (CA. 45 MIN. OHNE WARTE- UND BACKZEIT)
Die Hefe im lauwarmen Wasser auflösen, mit Mehl, Gewürzen, Zucker und Salz vermengen und in der Küchenmaschine oder mit dem Mixer (Knethaken) ca. 10 Minuten zu einem Teig verkneten.

Den Teig eine Stunde an einem warmen Ort rasten lassen, dann abermals durchkneten, in eine mit Öl bepinselte Kastenform füllen und noch einmal 1 Stunde rasten lassen.

Das Brot im vorgeheizten Backofen bei 170 °C rund 45 Minuten backen (während des Backens eine Schale mit Wasser in den Backofen stellen, damit das Brot saftig und die Kruste schön knusprig wird).

Anschließend das Brot aus der Form nehmen und auskühlen lassen.

PATIENTINNEN-TIPP
Ich habe in einem Buch gelesen, dass gekauftes Brot und Gebäck ganz besonders viele Zusatzstoffe enthält. Deshalb habe ich angefangen, selbst Brot zu backen.

Rezept: Kochen & Küche/Ulrike Zika

Knäckebrot

GUT GEEIGNET BEI
Appetitlosigkeit • Verstopfung

378 kcal je 100 g • für Diabetiker geeignet • ballaststoffreich

ZUTATEN FÜR 3 BLECHE
200 g Weizenvollkornmehl
4 EL Sonnenblumenöl
100 ml Wasser
Salz

Wasser zum Bestreichen
Kümmel, Sesam, Haferflocken, Leinsamen, Mohn, Mandelblättchen oder gehackte Nüsse zum Bestreuen

ZUBEREITUNG (CA. 30 MIN. OHNE WARTE- UND BACKZEIT)

Alle Zutaten gut miteinander verkneten (der Teig soll zwar fest, jedoch geschmeidig und zum Ausrollen geeignet sein).

Anschließend den Teig zugedeckt eine halbe Stunde rasten lassen.

Auf einer leicht bemehlten Arbeitsfläche den Teig sehr dünn ausrollen.

Mit einer Gabel die dünne Teigplatte gleichmäßig einstechen.

Mit einem Teigrad gleichmäßige Rechtecke ausschneiden und auf das Backblech legen.

Mit Wasser bepinseln, mit Kümmel, Sesam, Haferflocken, Leinsamen, Mandelblättchen oder Nüssen bestreuen und fest andrücken.

Das Knäckebrot bei 200 °C ca. 10–15 Minuten goldbraun backen.

TIPP
In einer Dose oder in einem gut verschließbaren Gefäß aufbewahren, dann bleibt es länger knusprig.

Vollkornbrötchen („Grahamweckerln")

GUT GEEIGNET BEI
Appetitlosigkeit • Übelkeit • Verstopfung

167 kcal pro Stück • für Diabetiker geeignet • ballaststoffreich

ZUTATEN FÜR CA. 12 STÜCK (JE NACH GRÖSSE)

500 g Weizenvollkornmehl
50 g Haferflocken, geröstet
1/2 Würfel frische Hefe
1 TL Koriander
1 TL Kümmel oder Anis
10 g Salz
250 ml Mineralwasser

ZUBEREITUNG (35 MIN. OHNE WARTE- UND BACKZEIT)

Alle Zutaten in eine Schüssel geben und mit dem Mixer (mit Knethaken) 15 Minuten kneten.

Den Teig anschließend gehen lassen, bis sich die Teigmenge verdoppelt hat.

Danach nochmals gut durchkneten und kleine Laibchen formen, diese wiederum ca. 20 Minuten gehen lassen.

Die Laibchen anschließend im vorgeheizten Backofen bei 200 °C ca. 20 Minuten backen.

PATIENTINNEN-TIPP

Bei selbst gemachtem Brot und Gebäck kenne ich die Inhaltsstoffe genau – beim Fertiggebäck aus dem Supermarkt nicht.

Olivenmuffins mit Käse und Rosmarin

GUT GEEIGNET BEI

Appetitlosigkeit • Verstopfung

242 kcal pro Stück • für Diabetiker geeignet

ZUTATEN FÜR 8 STÜCK

60 g schwarze Oliven, entsteint
60 g grüne Oliven, entsteint
100 g Ziegenkäse
250 g helles Dinkelmehl
2 TL Backpulver
1/2 TL Natron
30 ml Olivenöl extra vergine
1 Ei
200 g laktosefreies Joghurt (wahlweise 100 ml Wasser)
1 Zweig Rosmarin, fein gehackt
2 Knoblauchzehen*, fein gehackt
Salz und Pfeffer

* Bei Unverträglichkeit durch Knoblauchpulver ersetzen.

ZUBEREITUNG (CA. 25 MIN. OHNE BACKZEIT)

8 Oliven zum Garnieren zur Seite legen, die restlichen Oliven in Ringe schneiden.

Den Ziegenkäse in kleine Würfel schneiden.

Olivenringe und Ziegenkäse mit den restlichen Zutaten zu einem Teig verkneten.

Die Muffinformen mit Papierförmchen auslegen, den Teig einfüllen und in der Mitte jeweils eine Olive platzieren.

Die Muffins im vorgeheizten Backofen bei 160 °C ca. 30 Minuten goldbraun backen.

TIPP

Statt Ziegenkäse kann natürlich auch Schafskäse oder beliebiger Schnittkäse verwendet werden.

Rezept: Kochen & Küche/Ulrike Zika

Saure Kekse

GUT GEEIGNET BEI

Appetitlosigkeit • Blähungen • Durchfall

169 kcal je 100 g • für Diabetiker geeignet

ZUTATEN

TEIG

42 g Hefe
350 g Weizenmehl
70 g Butter
175 ml lauwarme laktosefreie Milch (wahlweise Wasser)
Salz

Salz und Kümmel zum Bestreuen

ZUBEREITUNG (CA. 15 MIN.)

Alle Teigzutaten vermengen und zu einem homogenen Teig kneten, nicht gehen lassen, sondern sofort weiterverarbeiten.

Teig in 6 Stücke portionieren und diese jeweils auf einer bemehlten Arbeitsfläche mit dem Nudelholz ausrollen, auf ein mit Backpapier ausgelegtes Backblech geben und dort ganz dünn ausrollen.

Mit einem Teigrad in ca. 3 x 4 cm große Rauten schneiden, salzen, mit Kümmel bestreuen. Nochmals mit dem Nudelholz vorsichtig darüberrollen, damit das Salz und der Kümmel gut in den Teig eingedrückt werden.

Bei 200 °C im vorgeheizten Backofen ca. 8–12 Minuten backen – Vorsicht! Die Kekse werden gegen Ende der Backzeit sehr rasch braun!

Aus dem Backofen nehmen und die vorgeschnittenen Rauten auseinanderbrechen.

TIPP

Man kann Salz und Kümmel direkt in den Teig einarbeiten, diese Kekse schmecken dann etwas anders, sie sind aber schneller zubereitet.
Die Kekse halten sich in einer gut verschlossenen Dose einige Wochen.

Rezeptaus dem Buch „Pikante Cracker, Knabbereien und Partygebäck selbst gemacht“ von Ute und Gudrun Gaigg

Zucchini-Leinsamen-Knabberei

GUT GEEIGNET BEI
Appetitlosigkeit • Verstopfung

135 kcal je 100 g • für Diabetiker geeignet
reich an Omega-3-Fettsäuren • ballaststoffreich

ZUTATEN FÜR CA. 1 BACKBLECH

1 mittelgroßer Zucchino
1 kleine Zwiebel
1 Tasse Leinsamen, geschrotet
5 EL Parmesan, gerieben
Salz

ZUBEREITUNG (10 MIN. OHNE GARZEIT)

Den Zucchino waschen und fein reiben, die Zwiebel möglichst fein schneiden.

Mit dem Leinsamen und dem Parmesan vermengen und salzen.

Die Masse dünn auf ein Backpapier streichen, im Backofen bei 50 °C Umluft 5–6 Stunden trocknen (Backofentür einen Spalt offen lassen), zwischendurch einmal wenden.

Danach in Stücke schneiden oder brechen.

TIPP

Sehr gut schmecken auch getrocknete Tomatenchips als Ersatz für die üblichen, ungesunden Knabbereien. Sie sind sehr gesund und ganz einfach selbst zu machen:

1 kg Cocktailtomaten oder feste kleine Tomaten in dünne Scheiben schneiden (mit einer Aufschnittmaschine, so dünn wie möglich), salzen, auf ein mit Backpapier belegtes Blech legen und im Backofen bei 70 °C Heißluft 4–5 Stunden trocknen (die Backofentür einen Spalt offen lassen). Die fertigen Chips in einem Schraubglas dunkel aufbewahren.

Rezept: Kochen & Küche/Nicole Zöhrer

Maisgebäck

GUT GEEIGNET BEI
Appetitlosigkeit • Blähungen • Übelkeit • Durchfall

148 kcal pro Stück • für Diabetiker geeignet • laktosefrei

ZUTATEN FÜR 12–14 STÜCK

320 g feines Maismehl
440 g feiner Grieß
3 TL Backpulver
1 TL Salz
1 Ei
150–180 g Olivenöl
etwas Wasser

ZUBEREITUNG (CA. 20 MIN. OHNE BACKZEIT)

Alle Zutaten mit Wasser verrühren, bis eine glatte, nicht zu weiche Masse entsteht.

Aus der Masse Gebäckstücke formen und diese im vorgeheizten Backofen bei 180 °C ca. 20–30 Minuten backen.

PATIENTINNEN-TIPP

Ich habe in der Zeit der Therapie meinen Weizenkonsum bewusst reduziert. Polenta hat mir dabei sehr geholfen.

Schnelles Fladenbrot aus der Pfanne

GUT GEEIGNET BEI
Appetitlosigkeit • Übelkeit

43 kcal pro Stück • für Diabetiker geeignet • laktosefrei

ZUTATEN FÜR CA. 10 STÜCK

200 g Vollkornmehl (eventuell 150 g Weizenvollkornmehl und 50 g Maismehl oder Roggenmehl) • 1 EL Leinöl (oder anderes kalt gepresstes Pflanzenöl)
ca. 125 ml Wasser • ½ TL Salz
2 TL getrocknete Kräuter nach Belieben (z. B. Oregano, Thymian, Majoran, Rosmarin …)

ZUBEREITUNG (CA. 10 MIN.)

Das Mehl in eine Schüssel geben, mit den anderen Zutaten vermischen und zu einem geschmeidigen Teig kneten.

Den Teig in 10 Stücke teilen, zu dünnen Fladen ausrollen, diese ohne Fett in einer erhitzten Pfanne von beiden Seiten hellbraun und knusprig braten.

TIPP

Man kann beliebige Gewürze für den Teig verwenden. Das Fladenbrot schmeckt gut zu Salat oder mit Aufstrichen oder Dips.

Buttermilchzopf

GUT GEEIGNET BEI
Appetitlosigkeit • Blähungen • Mundschleimhautentzündung
Übelkeit • Durchfall

159 kcal je 100 g

ZUTATEN FÜR 1 ZOPF

500 g griffiges Mehl
60 g Butter oder Pflanzenmargarine
½ Würfel frische Hefe oder
1 P. Trockenhefe
4 EL Zucker
300 ml Buttermilch oder
1 Becher laktosefreies Joghurt
1 TL Salz
etwas abgeriebene Schale von
1 Bio-Zitrone (unbehandelt)
1 P. Vanillezucker
1 paar Tropfen Rumaroma
100 g Rosinen

1 verquirltes Ei zum Bestreichen
Hagelzucker zum Bestreuen

ZUBEREITUNG (40 MIN. OHNE WARTE- UND BACKZEIT)

Alle Zutaten ca. 10 Minuten gut verkneten, den Teig anschließend zugedeckt etwa 40 Minuten gehen lassen, dann nochmals durchkneten.

Danach in 3 Teile teilen, daraus Stränge formen und diese zu einem Zopf flechten, ca. 30 Minuten gehen lassen, dann mit dem verquirlten Ei bestreichen.

Den Zopf die ersten 10 Minuten im Backofen bei 170 °C Heißluft backen, dann die Temperatur auf 165 °C reduzieren und ca. 40 Minuten fertig backen.

PATIENTINNEN-TIPP

Ich esse gerne süß, der Buttermilchzopf mit den Rosinen stillt dieses Bedürfnis. Ab und zu gibt es dann noch eine selbst gemachte Konfitüre dazu.

Milchbrot

GUT GEEIGNET BEI
Appetitlosigkeit • Mundschleimhautentzündung • Übelkeit

151 kcal je 100 g • für Diabetiker geeignet

ZUTATEN FÜR 1 GROSSEN ODER 2 KLEINE LAIBE

250 g Weizenvollkornmehl
250 g griffiges Weizenmehl
25 g Honig
100 g Butter oder Pflanzenmargarine
50 g Rosinen
250 ml lauwarme laktosefreie Milch
½ Würfel frische Hefe oder 1 P. Trockenhefe
¼ TL Salz
etwas abgeriebene Schale von 1 Biozitrone (unbehandelt)

etwas Wasser mit 1 EL Honig vermischt zum Bestreichen

ZUBEREITUNG (25 MIN. OHNE WARTE- UND BACKZEIT)

Alle Zutaten in eine Schüssel geben und mit dem Mixer (mit Knethaken) ca. 10 Minuten kneten.

Den Teig anschließend zugedeckt gehen lassen, bis sich die Teigmenge verdoppelt hat, danach nochmals durchkneten.

Aus dem Teig einen oder zwei Laibe formen, diese(n) ca. 20–30 Minuten rasten lassen und mit Honigwasser bestreichen.

Im vorgeheizten Backofen bei 180 °C 30–40 Minuten backen.

PATIENTINNEN-TIPP

Dieses flaumig weiche Brot habe ich gegessen, wenn ich Probleme mit der Mundschleimhaut hatte und knuspriges Vollkornbrot nicht essen konnte.

Apfel-Holunderstrudel mit Mandeln und Vanillesauce

GUT GEEIGNET BEI
Appetitlosigkeit • Mundtrockenheit • Schluckbeschwerden

240 kcal pro Stück • für Diabetiker geeignet • ballaststoffreich

ZUTATEN FÜR 1 STRUDEL (CA. 10–12 STÜCK)

STRUDELTEIG
200 g Mehl
60 ml lauwarmes Wasser
1 EL Öl
1/2 TL Salz
etwas Essig

FÜLLE
1 kg Äpfel
60 g Holunderbeeren
80 g Vollrohrzucker
1 P. Bourbonvanillezucker
1 TL Zimtpulver
50 g Mandelsplitter
80 g Paniermehl
2 TL Mandelöl
1 Prise Salz
Staubzucker zum Bestreuen

VANILLESAUCE
500 ml laktosefreie Milch
1/2 P. Vanillepuddingpulver
2 EL Zucker

ZUBEREITUNG (CA. 40 MIN. OHNE WARTE- UND BACKZEIT)

Die Teigzutaten auf einer Arbeitsfläche zu einem glatten, samtigen Teig verkneten, bis er sich von den Fingern löst, mit Öl bestreichen und den Teig ca. 30 Minuten rasten lassen.

Dann den Teig auf ein bemehltes Tuch legen und ausrollen, über die gewölbten Handrücken legen und mit beiden Händen von der Teigmitte aus in Richtung Teigrand nach allen Seiten so dünn wie möglich „ausziehen".

Für die Fülle die Äpfel schälen, entkernen und blättrig schneiden, gerebelte Holunderbeeren, Zucker, Vanillezucker und Zimt zur Apfelmasse hinzufügen, auf 3/4 des Teiges verteilen, mit Mandelsplittern und Paniermehl bestreuen, das letzte Viertel des Teiges mit etwas Mandelöl bestreichen.

Den Strudel mithilfe des Tuchs einrollen und hufeisenförmig mit der Teignaht nach unten auf ein befettetes Backblech oder in eine Auflaufform legen, mit dem restlichen Mandelöl bestreichen und im vorgeheizten Backofen bei 180 °C ca. 50 Minuten backen.

Für die Vanillesauce das Puddingpulver mit 125 ml Milch und dem Zucker verrühren, die restliche Milch aufkochen, vom Herd nehmen. Das aufgelöste Puddingpulver einrühren, dann 1 Minute unter ständigem Rühren erneut aufkochen lassen.

Den fertigen Strudel mit Staubzucker bestreuen und mit der Vanillesauce servieren.

Rezept: Veggiequeen®/Silvia Maritsch-Rager

Grießschmarren mit Apfelkompott

GUT GEEIGNET BEI
Appetitlosigkeit • Blähungen • Mundschleimhautentzündung
Schluckbeschwerden • Übelkeit • Durchfall

648 kcal je Portion • ballaststoffreich

ZUTATEN FÜR 4 PORTIONEN

SCHMARREN

500 ml laktosefreie Milch (wahlweise 100 ml [illegible])
60 g Butter
1 Vanilleschote
90 g Grieß
4 Eigelb
etwas abgeriebene Bio-Zitronenschale
4 Eiweiß
1 Prise Salz
50 g Kristallzucker
20–40 g Butter
Staubzucker zum Bestreuen

APFELKOMPOTT

1 kg Äpfel
Saft von 1 Bio-Zitrone
ca. 500 ml Wasser
einige Gewürznelken
1 Stück Zimtrinde
1 Prise Kardamom
100 g Zucker

PATIENTINNEN-TIPP

Wenn ich Lust auf Süßes hatte, hab ich meistens Grießschmarren mit einem Kompott gemacht.

ZUBEREITUNG (CA. 35 MIN. OHNE BACKZEIT)

Milch mit Butter und ausgekratztem Vanilleschotenmark aufkochen, Grieß einrieseln lassen und die Masse aufkochen lassen.

Immer wieder umrühren, anschließend von der Herdplatte ziehen und aufquellen lassen.

Die überkühlte Grießmasse in eine Schüssel füllen, Eigelb nach und nach einrühren, die abgeriebene Zitronenschale hinzufügen.

Eiweiß mit Salz und einem Drittel des Zuckers cremig schlagen, den restlichen Zucker zugeben und zu festem Schnee schlagen, diesen unter die ausgekühlte Grießmasse heben.

Butter in einer Pfanne erwärmen, die Masse einfüllen und im vorgeheizten Backofen bei 190 °C etwa 15 Minuten backen.

Für das Apfelkompott die Äpfel schälen, vom Kerngehäuse befreien und in Spalten schneiden.

Diese sofort in einen Topf mit Zitronenwasser legen, Gewürze und Zucker hinzufügen und zugedeckt ca. 5-8 Minuten weich dünsten.

Den Schmarren aus dem Backofen nehmen, mit Zucker bestreuen, noch einmal für 10–15 Minuten in den Backofen geben, damit der Zucker karamellisieren kann.

Vor dem Anrichten den Schmarren mit einer Gabel zerkleinern und mit dem Kompott servieren.

Bratäpfel

GUT GEEIGNET BEI

Appetitlosigkeit • Mundtrockenheit • Verstopfung

415 kcal je Portion • ballaststoffreich

ZUTATEN FÜR 4 PORTIONEN

4 Äpfel
50 g Preiselbeerkonfitüre
80 g Nüsse, grob gehackt oder fein gerieben
50 g ungeschwefelte Rosinen
50 g Butter oder Pflanzenmargarine
Rumaroma
Zimt und Kardamom

einige Butterflocken

ALTERNATIVEN FÜR DIE FÜLLE

Trockenfrüchte, klein geschnitten
Honig

Kokosnussraspel
Ananasspalten

Biskuitreste
Aprikosenkonfitüre

ZUBEREITUNG (15 MIN. OHNE GARZEIT)

Von den gewaschenen Äpfeln das Kerngehäuse ausstechen.

Die Preiselbeerkonfitüre, Nüsse, Rosinen, Rumaroma, Zimt und Kardamom zu einem dicken Brei vermischen und in die Äpfel füllen.

Die Äpfel in einen Bräter geben, mit Butterflocken belegen und im vorgeheizten Backofen zugedeckt bei 180 °C ca. 15 Minuten garen.

PATIENTINNEN-TIPP

Süßer Genuss kann auch gesund sein! Das darf ich auch genießen, aber auch Gäste können damit bewirtet werden.

Polentaauflauf mit Schneehaube

GUT GEEIGNET BEI
Appetitlosigkeit • Blähungen • Schluckbeschwerden

340 kcal je Portion • ballaststoffreich

ZUTATEN FÜR CA. 6 PORTIONEN
500 ml Wasser
Salz
200 g Maisgrieß
150–250 ml laktosefreie Milch (wahlweise ungesüßter Reisdrink)
1 Ei
2 Eigelb
50 g Zucker
Vanillezucker
Saft von 1 Zitrone

FÜLLE
4 Äpfel (ca. 600 g)
50 g Rosinen
50 g Walnüsse, grob gehackt

2 Eiweiß
50 g Zucker

Butter für die Auflaufform

ZUBEREITUNG (CA. 60 MIN. OHNE BACKZEIT)
Wasser salzen, aufkochen, Maisgrieß einrühren und dick einkochen.

Für die Fülle die Äpfel schälen und blättrig schneiden, mit Rosinen und Walnüssen vermengen.

Milch, Ei, Eigelb, Zucker, Vanillezucker und Zitronensaft in die überkühlte Maismasse einrühren.

Die halbe Maismasse in eine befettete Auflaufform streichen, die Apfelfülle darauf verteilen. Die restliche Masse daraufstreichen, eventuell Butterflöckchen darauf verteilen und bei 170 °C ca. 45 Minuten backen.

Während des Backvorganges Eiweiß und Zucker steif schlagen.

Nach 45 Minuten den Backofen auf Grillfunktion umschalten, den Polentaauflauf mit der Schneemasse bestreichen und ca. 5 Minuten goldbraun überbacken.

TIPP
Kompott, Fruchtsalat oder Fruchtmark eignen sich als Zugabe ideal.

Biskuitschmarren mit Rhabarberkompott

GUT GEEIGNET BEI

Appetitlosigkeit • Blähungen • Mundtrockenheit • Schluckbeschwerden • Übelkeit

711 kcal je Portion

ZUTATEN FÜR 2 PORTIONEN

SCHMARREN
4 Eier
1 Prise Salz
250 ml laktosefreie Milch (wahlweise 250 ml ungesüßter Reisdrink)
50 g Mehl
½ P. Vanillezucker
30 g Staubzucker
1 EL Butterschmalz oder Öl
Butter für das Backblech

KOMPOTT
500 g Rhabarber
50 g Kristallzucker
etwas abgeriebene Bio-Zitronenschale (unbehandelt)
70 ml Wasser
½ Vanilleschote

ZUBEREITUNG (CA. 35 MIN. OHNE BACKZEIT)

Für das Kompott Rhabarber waschen, putzen und in 1,5 cm lange Stücke schneiden, mit Kristallzucker bestreuen und ca. 20 Minuten ziehen lassen.

Alle Kompottzutaten mit dem ausgekratzten Vanilleschotenmark in einen Kochtopf geben und bei schwacher Hitze ca. 5 Minuten zugedeckt köcheln lassen, danach auskühlen lassen.

Für den Schmarren Eier mit Salz verquirlen. Milch, Mehl, Vanillezucker und 10 g Staubzucker glatt rühren, dann die Eier unterziehen.

Einen EL Butterschmalz in einer Pfanne erhitzen, Teig eingießen und ca. 1 Minute anbacken.

Dann die Pfanne auf die mittlere Schiene des auf 180 °C Oberhitze vorgeheizten Backofens schieben und ca. 6 Minuten goldbraun backen.

Den Schmarren aus dem Backofen nehmen, wenden und mit zwei Gabeln in Stücke reißen, dann auf ein gebuttertes Backblech geben.

Den Schmarren mit dem restlichen Staubzucker bestreuen und bei 200 °C Oberhitze im Backofen einige Minuten überbacken, damit der Zucker karamellisieren kann.

Vollkorn-Marmorgugelhupf mit Sauerkirschen und Buttermilch

GUT GEEIGNET BEI
Appetitlosigkeit • Verstopfung

314 kcal pro Stück • ballaststoffreich

ZUTATEN FÜR 1 GUGELHUPFFORM (CA. 24 CM Ø, CA. 10 STÜCK)
300 g Sauerkirschen (aus dem Glas)
150 g weiche Butter
150 g Braunzucker
1 Prise Salz
3 Eier
250 g Weizenvollkornmehl
1 P. Backpulver
etwas Zimtpulver
150 ml Buttermilch (wahlweise 150 ml ungesüßter Mandeldrink)
1 EL Kakaopulver

Butter und geriebene Nüsse für die Form

ZUBEREITUNG (35 MIN. OHNE BACKZEIT)
Die Sauerkirschen in ein Sieb geben und gut abtropfen lassen.

Butter, Braunzucker und Salz cremig rühren, Eier nach und nach dazugeben und die Masse so lange rühren, bis sie flaumig ist.

Das Mehl mit Back- und Zimtpulver vermischen, in die Buttermasse sieben und einarbeiten. Ein Drittel der Teigmasse in eine eigene Schüssel geben.

In die größere Teigmasse 100 ml Buttermilch und die Sauerkirschen vorsichtig einarbeiten.

Die restlichen 50 ml Buttermilch mit dem Kakaopulver glatt rühren und in die kleinere Teigmasse einrühren.

In die mit Butter befettete und mit Nüssen ausgestreute Gugelhupfform abwechselnd löffelweise die helle Kirschmasse und die dunkle Teigmasse füllen.

Den Kuchen im vorgeheizten Backofen bei 160 °C Umluft auf unterster Schiene ca. 60 Minuten backen.

Dann den Gugelhupf aus dem Backofen nehmen, überkühlen lassen und aus der Form stürzen.

Holunderbeerenmuffins

GUT GEEIGNET BEI
Appetitlosigkeit • Blähungen • Übelkeit • Verstopfung

353 kcal pro Stück • für Diabetiker geeignet • ballaststoffreich
reich an Omega-3-Fettsäuren

ZUTATEN FÜR 12 STÜCK

50 g feine Haferflocken
100 ml Raps- oder Olivenöl
1 Becher laktosefreies Joghurt
200 g Mehl
1 Prise Salz
1 EL Backpulver
2 Eier
150 g Honig
1 P. Vanillezucker
150 g frische Holunderbeeren*

*Die Holunderbeeren können auch durch Heidelbeeren ersetzt werden.

ZUBEREITUNG (20 MIN. OHNE WARTE- UND BACKZEIT)

Haferflocken mit Öl und Joghurt vermischen, ca. 10 Minuten ziehen lassen.

In der Zwischenzeit Mehl, Salz und Backpulver vermischen.

Eier, Honig (eventuell vorsichtig anwärmen) und Vanillezucker schaumig rühren und die Haferflockenmasse unterrühren.

Die Mehlmischung vorsichtig untermischen und anschließend die abgerebelten, gewaschenen und abgetropften Holunderbeeren untermengen.

Die Masse in mit Papiermanschetten ausgelegte Muffinförmchen füllen und im vorgeheizten Backofen bei 160 °C Umluft ca. 25 Minuten backen.

PATIENTINNEN-TIPP

Nachdem ich von meiner Erkrankung erfahren habe, habe ich mich sehr für „Superfoods" interessiert. Weil die exotischen Superfoods mittlerweile recht umstritten sind, verwende ich gerne heimische, super-gesunde Lebensmittel zum Kochen. Haferflocken und Holunderbeeren sind nur zwei der vielen „Wundermittel" der Natur (siehe Buchtipp auf S. 192).

Rezept: Kochen & Küche/Nicole Zöhrer

Mandelcreme mit Beeren

GUT GEEIGNET BEI
Appetitlosigkeit • Blähungen • Mundschleimhautentzündung • Mundtrockenheit
Schluckbeschwerden • Übelkeit • Verstopfung

113 kcal je Portion • für Diabetiker geeignet

ZUTATEN FÜR 4 PORTIONEN

500 ml ungesüßter Mandeldrink
1 Vanilleschote
2 EL Honig
10 g Agar-Agar
1 Msp. Kardamompulver
1 Prise Salz
1 Prise Zimt

150 g Erdbeeren (wahlweise andere saisonale Beeren)

ZUBEREITUNG (CA. 10 MIN. OHNE WARTEZEIT)

Den Mandeldrink in einen geeigneten Topf gießen, das ausgekratzte Vanilleschotenmark sowie die restlichen Zutaten zugeben und unter ständigem Rühren zum Kochen bringen.

Die Creme 3 Minuten leicht köcheln lassen, dann vom Herd nehmen.

Portionsförmchen oder Gläser mit kaltem Wasser ausspülen, Creme einfüllen und für mindestens 4 Stunden in den Kühlschrank stellen, vor dem Servieren mit frischen Erdbeeren garnieren.

Vanille-Quark-Creme mit Erdbeer-Mango-Spießchen

GUT GEEIGNET BEI

Appetitlosigkeit • Blähungen • Mundtrockenheit • Übelkeit • Verstopfung

287 kcal je Portion

ZUTATEN FÜR 4 PORTIONEN

150 g Erdbeeren
1 reife Mango
1 P. Vanillepudding
500 ml laktosefreie Milch (wahlweise 400 ml ungesüßter Reisdrink)
250 g laktosefreier Quark (20 % F. i. Tr.)
Saft von 1 Orange
2 EL Honig

ZUBEREITUNG (CA. 20 MIN. OHNE WARTEZEIT)

Erdbeeren unter fließendem Wasser abspülen, von den Stielansätzen befreien, Mango schälen, längs halbieren und den Kern entfernen.

Beide Fruchtarten in mundgerechte Stücke schneiden und auf Spieße stecken.

Vanillepudding laut Packungsanleitung kochen und auskühlen lassen.

Quark und Orangensaft verrühren, mit Honig süßen und gut mit dem ausgekühlten Vanillepudding verrühren.

Die Creme in Dessertschüsseln anrichten und mit den Fruchtspießchen servieren.

Sanddorn-Leinsamen-Taler mit Sonnenblumenkernen

GUT GEEIGNET BEI
Appetitlosigkeit • Verstopfung

57 kcal pro Stück • für Diabetiker geeignet • ballaststoffreich
reich an Omega-3-Fettsäuren

ZUTATEN FÜR CA. 15 STÜCK

75 g Sonnenblumenkerne
25 g Leinsamen
4 EL Sanddorn-Muttersaft*
ohne Zuckerzusatz
4 EL ungesüßter Reissirup

* Mutter- oder Direktsaft ist der Saft der ersten Pressung, der ausschließlich natürliche Bestandteile der gepressten Früchte enthält und von dem keine bzw. nur sehr geringe Mengen Trübstoffe entfernt wurden.

ZUBEREITUNG (CA. 20 MIN. OHNE WARTE- UND BACKZEIT)

Die Sonnenblumenkerne in einer Pfanne trocken rösten, bis sie zu duften beginnen, abkühlen lassen und mit den Leinsamen in einer Küchenmaschine grob mahlen. (Achtung: Nicht zu fein – es sollte kein Mehl werden! Wer keine Küchenmaschine besitzt, hackt die Kerne mit einem Messer bzw. verwendet geschrotete Leinsamen.)

Sonnenblumenkerne und Leinsamen mit dem Sanddorn-Muttersaft und dem Reissirup vermischen und ca. 30 Minuten quellen lassen.

Ein Backblech mit Backpapier auslegen und aus der Masse kleine Taler formen.

Diese im vorgewärmten Backofen bei 165 °C ca. 10–15 Minuten backen.

TIPP

Alternativ kann aus der Masse auch Rohkost-Konfekt ohne Backen hergestellt werden.
Die Masse dafür zu kleinen Kugeln formen, diese in Kokosflocken wälzen, damit sie nicht kleben, und in Konfektmanschetten setzen.

Rezept: Mareike Haas

Superkugeln

GUT GEEIGNET BEI
Verstopfung

72 kcal pro Stück • für Diabetiker geeignet • ballaststoffreich
reich an Omega-3-Fettsäuren

ZUTATEN FÜR CA. 15 STÜCK

2 Handvoll Kürbiskerne
2 EL geschälte Hanfsamen
10 Dörrpflaumen
2 EL Sanddornsaft

1 EL geschälte Hanfsamen
1 TL Kakaopulver

ZUBEREITUNG (CA. 30 MIN. OHNE WARTEZEIT)

Kürbiskerne und 2 EL Hanfsamen in einer Getreidemühle oder in einem Standmixer fein mahlen.

Die Dörrpflaumen möglichst klein schneiden und mit den Kürbiskernen und dem Hanfsamen vermengen.

Den Sanddornsaft zugeben und alles gut vermischen, die Masse etwas ziehen lassen.

Aus der Masse mit befeuchteten Händen kleine Kugeln formen (falls die Masse nicht gut formbar ist, eventuell noch etwas Saft bzw. gemahlene Kürbiskerne oder Hanfsamen hinzufügen).

1 EL geschälte Hanfsamen grob mahlen und mit dem Kakaopulver vermengen, die Kugeln darin wälzen.

PATIENTINNEN-TIPP

Diese Nascherei kann man ohne schlechtes Gewissen genießen, weil sie durchwegs aus absolut gesunden Lebensmitteln besteht!

Rezept: Kochen & Küche/Nicole Zöhrer

Roter Smoothie

GUT GEEIGNET BEI

Appetitlosigkeit • Mundschleimhautentzündung • Schluckbeschwerden • Übelkeit

156 kcal je Portion • ballaststoffreich

ZUTATEN FÜR 4 PORTIONEN

2 Bananen
250 g Erdbeeren und/oder Himbeeren, Brombeeren ...
2 Äpfel
200 ml ungesüßter Reisdrink (wahlweise Wasser)

ZUBEREITUNG (CA. 15 MIN.)

Bananen schälen, Erdbeeren unter fließendem Wasser abspülen, vom Stielansatz befreien (Himbeeren oder Brombeeren verlesen), die Äpfel vom Kerngehäuse befreien.

Alle Obstsorten zusammen mit dem Reisdrink in einen Standmixer geben und für mehrere Minuten auf höchster Stufe samtig pürieren.

Grüner Smoothie

GUT GEEIGNET BEI

Appetitlosigkeit • Mundschleimhautentzündung • Schluckbeschwerden • Übelkeit

116 kcal je Portion • für Diabetiker geeignet • ballaststoffreich

ZUTATEN FÜR 4 PORTIONEN

2 Bananen, 2 Äpfel
25 g junger Blattspinat
2–3 Blätter grüner Salat
1 TL Olivenöl
200 ml Apfelsaft
200 ml Wasser

ZUBEREITUNG (CA. 10 MIN.)

Die Bananen schälen, Äpfel waschen, vierteln und das Kerngehäuse entfernen. Spinat waschen und verlesen, Salatblätter waschen und gut abtropfen lassen.

Alle Zutaten in das Mixglas eines leistungsstarken Standmixers geben und cremig mixen.

Rezept: cooking Catrin; Foto ©Carletto Photography

Dreierlei Smoothies

GUT GEEIGNET BEI

Appetitlosigkeit • Mundschleimhautentzündung • Schluckbeschwerden • Übelkeit

Grüner Smoothie: 133 kcal je Portion • Wilder Smoothie: 120 kcal je Portion
Beeren-Power: 138 kcal je Portion • für Diabetiker geeignet • ballaststoffreich

ZUTATEN JEWEILS FÜR 2 PORTIONEN

GRÜNER SMOOTHIE

ca. 100 g grüner Salat
je nach Saison und Belieben)
2 Äpfel (mit Schale und
Kerngehäuse verarbeiten)
1 Handvoll Kräuter (Petersilie,
Minze, Zitronenmelisse)
1 reife Banane
ca. 500 ml Wasser
einige Tropfen kaltgepresstes Öl

ZUBEREITUNG (10 MIN.)

Salat, Apfel und Kräuter waschen, Banane schälen, dann alle Zutaten fein schneiden und mit dem Wasser im Mixaufsatz der Küchenmaschine mixen.

In Gläsern anrichten und mit Kräutern oder Früchten garnieren.

TIPP

Am wertvollsten bezüglich ihrer Inhaltsstoffe sind Smoothies natürlich ganz frisch.

VARIANTE

Köstliche Smoothies lassen sich auch aus Wildkräutern herstellen: z. B. je 1 Handvoll Brennnesselblätter und Vogelmiere mit 1 reifen Birne, Mango oder bliebigen anderen Frucht sowie 500 ml Wasser und einigen Tropfen Öl mixen.

BEEREN-POWER

1 Handvoll Giersch (oder auch
Löwenzahn oder Brennnesseln)
1 Handvoll Salatblätter
1 Handvoll Beeren
(je nach Saison und Belieben)
1 Hand voll Goji-Beeren
(eingeweicht)
1 kleines Stück frischer Ingwer
ca. 500 ml Wasser
einige Tropfen Leinöl

ZUBEREITUNG (10 MIN.)

Die Kräuter und den Salat waschen, fein schneiden, die Beeren verlesen und klein schneiden.

Alle Zutaten in der Küchenmaschine oder im Standmixer pürieren, nach Geschmack etwas verdünnen und mit Beeren oder Kräutern garniert servieren.

TIPP

Wenn man rote Früchte und grünes Gemüse mischt, ergibt das zwar eine etwas „düstere“ Farbe, dafür schmeckt dieser „beerige“ Smoothie unvergleichlich gut!

Rezepte: Kochen & Küche/Ingeborg Lambauer

Avocado-Tomaten-Cocktail, Tomatenjuice & Tomatencocktail

GUT GEEIGNET BEI
Appetitlosigkeit • Mundtrockenheit • Schluckbeschwerden • Verstopfung

Avocado-Tomaten-Cocktail: 333 kcal je Portion • Tomaten-Juice: 188 kcal je Portion
Tomatencocktail: 103 kcal je Portion • für Diabetiker geeignet • ballaststoffreich

ZUTATEN JEWEILS FÜR 2 PORTIONEN

AVOCADO-TOMATEN-COCKTAIL

1 Avocado
150 ml Tomatensaft
(oder passierte Tomaten)
60 ml Zitronensaft
Salz und Pfeffer, 1 Prise Zucker
Eiswürfel

ZUBEREITUNG AVOCADO-TOMATEN-COCKTAIL (CA. 30 MIN.)

Die Avocado halbieren, vom Kern befreien, das Fruchtfleisch aus der Schale lösen und in kleine Würfel schneiden, in einem Standmixer mit den anderen Zutaten cremig rühren und mit Eiswürfeln in Gläsern anrichten.

TOMATENJUICE

250 ml passierte Tomaten
(aus der Dose)
250 ml Orangensaft
etwas Zitronensaft
1 Prise Vanillezucker, Eiswürfel

ZUBEREITUNG TOMATENJUICE (CA. 10 MIN.)

Passierte Tomaten mit Orangen- und Zitronensaft sowie dem Vanillezucker in einem Standmixer verrühren und mit Eiswürfeln in Gläsern anrichten.

TOMATENCOCKTAIL

½ Salatgurke
250 ml passierte Tomaten
1 Spritzer milder Essig
1 Prise Salz und Paprikapulver
1 TL Basilikum, gehackt
Pfeffer, Eiswürfel
Zitronen- oder Limettenspalten
zum Garnieren

ZUBEREITUNG TOMATENCOCKTAIL (CA. 20 MIN.)

Geschälte Gurke mit den anderen Zutaten in einem Standmixer gut durchmixen, in Longdrink-Gläsern mit Eiswürfeln, Zitronen- oder Limettenspalten anrichten.

Sorbet aus grünen Äpfeln mit Melisse

GUT GEEIGNET BEI
Appetitlosigkeit • Mundschleimhautentzündung • Mundtrockenheit
Schluckbeschwerden

172 kcal je Portion

ZUTATEN FÜR 4 PORTIONEN
250 ml Wasser
70 g Kristallzucker
20 Melisseblätter
500 g grüne Äpfel
(z. B. Granny Smith)
Saft von 1 Zitrone

ZUBEREITUNG (25 MIN. OHNE WARTEZEIT)
Wasser mit Kristallzucker in einer Kasserolle verrühren und 10 Minuten köcheln lassen.

10 Melisseblätter zugeben, zugedeckt ziehen und auskühlen lassen.

Äpfel waschen und schälen, Stiel und Kerngehäuse entfernen, Fruchtfleisch klein schneiden und mit Zitronensaft und den restlichen Melisseblättern in einem Standmixer fein pürieren.

Das Fruchtpüree mit der Zuckerlösung in einer Schüssel vermischen und für ca. 8 Stunden in den Tiefkühlschrank stellen, zwischendurch 4–5-mal mit einem Schneebesen gut durchrühren.

Das fertige Sorbet in vorgekühlte Gläser oder Schalen füllen und sofort servieren.

„Vitaminbombe am Stiel“ (Eis aus Fruchtsaft oder Fruchtmus)

GUT GEEIGNET BEI

Appetitlosigkeit • Mundschleimhautentzündung • Mundtrockenheit
Schluckbeschwerden • Übelkeit

ZUTATEN

beliebige Früchte (am besten Beeren nach Belieben, aber auch andere Früchte wie Kiwis, Mangos, weiche Birnen, Kirschen etc.)

beliebige Behälter (z. B. Schnapsgläser) oder Eiswürfelformen (z. B. Herzform, Blümchen usw.)
runde Stiele (wie für Lutscher) oder kleine Holzspatel

ZUBEREITUNG (CA. 15 MIN. OHNE GEFRIERZEIT)

Die Beeren oder anderen Früchte pürieren (bei festeren Früchten wie Äpfeln diese vorher kurz dünsten) und

Fruchtsaft oder Fruchtmus in die Schnapsgläser oder Eiswürfelformen füllen.

Die Gläser (Formen) ins Gefrierfach geben, anfrieren lassen, dann die Stiele hineinstecken und wieder ins Gefrierfach geben, bis die Masse festgefroren ist.

Das fertige Eis direkt als kühle Erfrischung genießen oder in Mineralwasser oder Buttermilch servieren.

VARIANTE

Statt der Eiswürfelformen kann man natürlich auch kleine Eislutscherformen verwenden. Es eignen sich auch frisch gepresste Fruchtsäfte bestens für diese fruchtige Erfrischung. Bei der Verwendung von Fruchtsaft können nach Belieben auch einige Beeren, Granatapfelkerne oder klein geschnittene Fruchtstücke in die Formen dazugegeben werden.

Für zweifärbige „Vitaminbomben am Stiel“ die Form zuerst halb voll füllen und anfrieren lassen, dann die Stiele hineinstecken und vollkommen frieren lassen. Dann die zweite Schicht daraufgeben und wieder in den Tiefkühler stellen, bis auch diese Schicht gefroren ist.

WOHLTUENDE GETRÄNKE & TEES

Kräuterwasser

1 Liter stilles Wasser
4 frische Minzezweige
1 Basilikumzweig
1 Thymianzweig
1 Zitronengrasstängel
3 Himbeeren

Wasser und abgespülte Kräuter und Himbeeren in eine Glaskaraffe geben und mindestens 3 bis maximal 12 Stunden im Kühlschrank ziehen lassen.

Aromatisiertes Kräuter-Vitamin Wasser

1 EL Holunderblütensirup
3 Zitronen- oder Limettenscheiben (unbehandelte Bio-Zitrone)
5 Gurkenscheiben (oder als süße Varianten: Erdbeerstücke, Apfelscheiben, Brombeeren, Himbeeren …)
2 Zweige Minze (oder Melisse, Salbei, Thymian …)
1 Liter stilles Mineralwasser

Alles in einen Glaskrug füllen und im Kühlschrank 1 Stunde ziehen lassen.

Kräuter-Eistee

1 Teebeutel Kräutertee
4 frische Minzezweige
1 Stück Zitronenschale

Mit einem Liter kochend heißem Wasser überbrühen und 10 Minuten ziehen lassen, abseihen, mit Zitronensaft und Honig abschmecken und kalt stellen. Mit Eiswürfeln und Minzeblättern servieren.

PATIENTINNEN-TIPP

Früchtetee hat mein Magen nicht vertragen. Im 14-tägigen Intervall habe ich viele Kräuterteesorten durchprobiert (Pefferminze, Kamille, Käsepappel, Fenchel, Melisse, Eibisch …).

Appetitanregende Teemischung

30 g Bitterorangenschale
30 g Schafgarbe • 30 g Ingwerwurzel
30 g Andornkraut

Alles mit einem 1 kochendem Wasser aufgießen und 10 Minuten ziehen lassen.

Gegen Durchfall

- 2 Esslöffel getrocknete Heidelbeeren
- 300 ml Wasser
- 1 EL Honig

Heidelbeeren klein zerhacken, 10 Minuten in kaltem Wasser ansetzen und danach zum Kochen bringen. Etwa 7 Minuten ziehen lassen, abseihen und tgl. 1-3 x trinken.

- 60 ml Holunderblütensirup
- 940 ml nicht zu kaltes Wasser
- 1 g Kochsalz

- 1000 ml Tee (Kamillen-, Kräuter- oder Schwarztee, lange ziehen lassen)
- 40 g Glucose
- 1 g Kochsalz

- 500 ml Bio-Karottensaft
- 500 ml Wasser
- 1 g Kochsalz

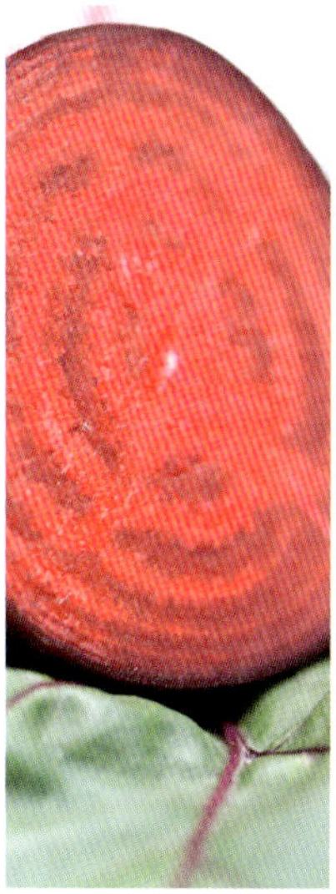

Gegen Verstopfung

PATIENTINNEN-TIPP

Rote-Betesaft aus dem Reformhaus oder vom Drogeriemarkt auf nüchternen Magen getrunken hat bei mir gut gegen Verstopfung gewirkt.

Brennnessel gegen Müdigkeit

3–4 TL (4 g) fein geschnittenes Kraut mit 150 ml Wasser überbrühen, nach 10 Minuten abseihen.

Hopfen gegen Einschlafstörungen und Unruhe

1–2 TL Hopfen mit 150 ml heißem Wasser überbrühen, zugedeckt 15 Minuten ziehen lassen und abseihen. Täglich 2-3 Tassen gegen Abend trinken.

Kamille gegen Magenbeschwerden

2 EL Kamillenblüten(3 g) mit 150 ml kochend heißem Wasser überbrühen, zugedeckt 10 Minuten ziehen lassen, dann abseihen. Täglich 3–4 Tassen empfehlenswert. Achtung: Kreuzallergie bei Überempfindlichkeit mit Kreuzblütler.

Löwenzahn gegen Appetitlosigkeit

1–2 TL Löwenzahnkraut und Wurzel mit 150 ml Wasser kurz aufkochen, 15 Minuten ziehen lassen, dann abseihen.

Pfefferminze gegen Übelkeit

1 EL (1,5 g) mit 150 ml Wasser aufbrühen, 10 Minuten ziehen lassen und abseihen. 3–4 Tassen täglich sind empfehlenswert.

Melisse gegen Unruhe oder Einschlafschwierigkeiten

1,5–3 TL mit 150 ml siedend heißem Wasser übergießen, abgedeckt ziehen lassen, nach 10 Minuten abseihen. Mehrmals täglich eine Tasse trinken.

Ingwer gegen Übelkeit

2 Scheiben einer frischen Ingwerwurzel mit kochend heißem Wasser übergießen, 5 Minuten ziehen lassen, abseihen und 2–4 Tassen pro Tag trinken.

Kümmel, Fenchel, Anis gegen Blähungen

1 TL (2 g) Fenchel, Anis oder Kümmel mit einem Mörser quetschen oder mit einem Messer auf einem befeuchteten Schneidbrett zerkleinern. Anschließend mit 250 ml kochend heißem Wasser übergießen und 10 Minuten ziehen lassen. Abseihen und ungesüßt noch warm trinken. Bis zu 3 Tassen täglich sind zu empfehlen.

Kräutertee-Mischung gegen Mundschleimhautentzündung

Majoran, Thymian, Salbei und Bohnenkraut zu gleichen Teilen mischen, davon 1 TL sowie 2 Gewürznelken und ein kleines Stück Zimtrinde mit 150 ml heißem Wasser aufgießen und 10 Minuten ziehen lassen, dann abseihen, mit dem lauwarmen Tee gurgeln (kann auch geschluckt werden).

Salbei gegen Mundschleimhautentzündung oder Schluckbeschwerden

2 TL Salbei (2,5 g) mit 150 ml Wasser aufbrühen, nach 10 Minuten abseihen. Mindestens 5-mal täglich gurgeln.

AUS UNSEREM PROGRAMM

ISBN 978-3-7020-1536-7

ISBN 978-3-7020-1581-7

ISBN 978-3-7020-1300-4

ISBN 978-3-7020-1287-8